藁《わら》を綯《な》い、春を寿ぐ

しめ飾り 造形とその技法

ことほき
鈴木安一郎
安藤健浩

誠文堂新光社

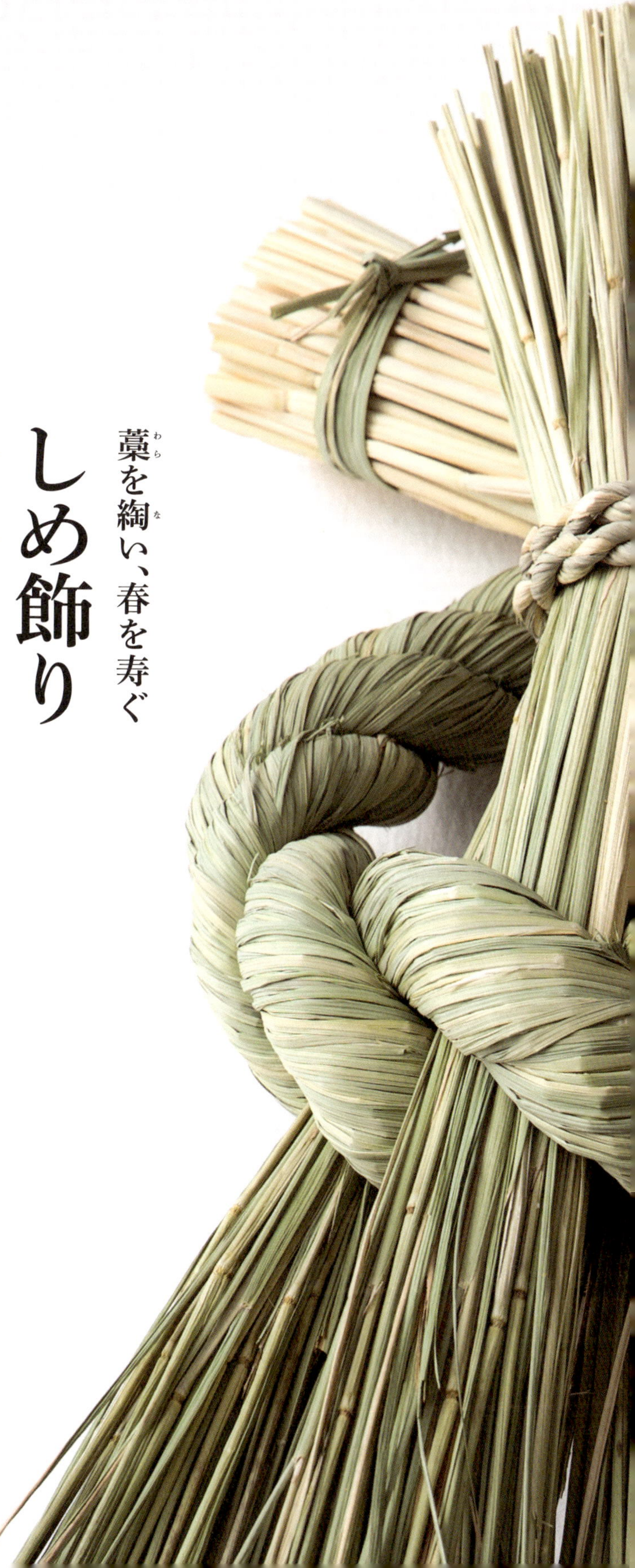

稲作文化が生んだ春を迎えるかたち

お正月に家々を訪れ、新たな一年の実りと幸をもたらす年神様《としがみさま》。
しめ飾りは、この年神様を迎え入れるための飾りです。
裏白《うらじろ》やユズリハ、橙《だいだい》、紙垂《しで》などの縁起物をあしらい、
家の門戸にかぎらず、暮らしの要となる居間や台所、
蔵や納屋などさまざまな場に飾られてきました。
しめ飾りの原型は、神社などで見られる「しめ縄」にあります。
しめ縄は、神様のいる神聖な場を示すために張り巡らす縄で、
空間を清め、不浄なものを防ぐ魔除けの意味もあります。
古くは、家のまわりに縄を張り巡らせて新年を迎えていましたが、
次第に縄を細工した「しめ飾り」が用いられるようになりました。
しめ飾りには、その年の稲からつくる真新しい藁《わら》を用います。
一年の実りと無事に感謝の気持ちを込めながら、
来たる年もまた多くの幸に恵まれますようにと願い、
地方や家々によって多様な意匠や技法が生まれていきました。
それは日本の稲作文化と深く結びついた「春を迎えるかたち」です。

私たち二人は、青々とした藁の凛とした美しさ、
人々の手から手へと伝えられてきた造形の力強さに惹かれ、
しめ飾りをつくるプロジェクト「ことほき」をはじめました。
名前の由来は「言祝《ことほ》ぐ／寿ぐ」「寿《ことぶき》」といった言葉の意味と響きです。
プロジェクトをはじめてからは稲作も行うようになりました。
稲を育て、藁をつくり、縄を綯《な》う——。
制作を続けていくうち、自然の恵みに感謝し、
日々の営みを大切に思う気持ちが年々、強くなっていきました。
いまや私たちにとってしめ飾りづくりは、新たな気持ちで
次の春を迎えるためになくてはならない大切なものです。
しめ飾りをつくる楽しさ、そして迎えるお正月の清々しさを
一人でも多くの人に味わってもらえたらと願っています。

目次

表門の木戸にかけるしめ飾りは、年神様への目印。
大きな玉しめ飾りに縁起物のお飾りをあしらって華やかに。

上／土地の神様である氏神様と、家の無事を祈る八幡様を祀る庭の祠（ほこら）にはしめ縄を。
下／たわわに実った稲穂が目を引く宝珠のお飾りも、玄関飾りにふさわしい風格。

右／水は暮らしにとって欠かせないもの。井戸神様がいる井戸の上には、めがね飾りにお神酒（みき）を添えて。左上／外の厠には「のの字」の輪飾りをかけて、場を清めます。左下／裏門にも輪飾りをかけて念入りに。

右上／台所を守る恵比寿様と大黒様の神棚には３尺の立派なしめ縄を。右下／家の要の神棚には６尺の長いしめ縄をかけて、家内安全を願います。左／土間の竈（かまど）の上にある小さな神棚。火の神であり、家の守り神でもある竈様への感謝の念を忘れずに。

※１尺＝約 30cm

月予定表
7 8 9 10 11 12 13

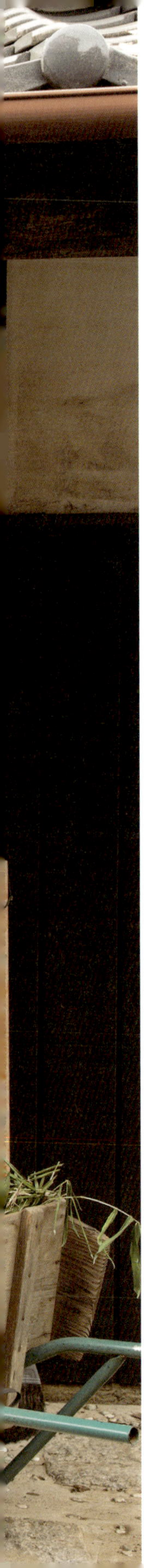

右上／古い味噌蔵にあうのは、“福をすくう”杓子飾り。右下／かつては大切な仕事道具にもしめ飾りをつける習わしがありました。農具置き場には輪飾りを。左／実り多き年になりますようにと、農作業小屋には鳥お飾りをかけます。

しめ飾りの歴史

しめ飾りの文化はどのようにして
現在まで受け継がれてきたのでしょうか。
その歴史を資料からひも解いていきます。

古代からあった空間を分けるしめ縄

藁は、日本の暮らしの中でさまざまに用いられてきました。日常の道具をつくる材料としてはもちろん、農耕儀礼にまつわる年中行事や、一生を通した通過儀礼といった節目のハレの日に、藁材の造形物がつくられ、祭具や神具としての役割を果たしてきました。その代表が、冒頭でも述べた「しめ飾り」の原型とされる「しめ縄」です。

しめ縄はもともと、内と外、浄と不浄、聖と俗といったように対立した空間を分ける境界を示すものでした。生活道具に使われる縄が右綯いであるのに対し、しめ縄は選りすぐった藁を左に綯ってつくられました（右綯い、左綯いについては三四頁参照）。『記紀《きき》』と呼ばれる奈良時代の歴史書『古事記』と『日本書紀』には、しめ縄とされる縄が登場します。天照大神《あまてらすおおみかみ》が天岩戸《あめのいわと》に隠れ、世界が暗闇に包まれてしまったという、かの有名な神話の一節です。

天照大神を誘い出そうと、神々が岩戸の前に集まり、舞い踊っていたときのこと。その騒ぎを何事かと、天照大神が身を乗り出して見た瞬間、再び隠れることがないように岩戸の入り口に「シリクメナワ」を張ってふさいだと記されており、今につながるしめ縄の原型をすでに確認できます。

また奈良時代末期に成立したとされる歌集『万葉集』には、

祝部《はふり》らが斎《いわ》ふ社《やしろ》の黄葉《もみちば》も
標縄《しめなは》越えて散るといふものを
——巻一〇・二三〇九

という歌があります。神官たちが大切にしている社のもみじの葉も、結界のしめ縄を越えて散っている。母をしめ縄にたとえ、娘に対して社のもみじのようにしめ縄を越えて「外に出ておいで」と呼びかける歌です。この歌からは、しめ縄が占有空間を示す「縄張りの標《しるし》」として機能していることが読み取れます。しめ縄がしばしば「標縄」「占縄」と表記されてきたのもこうした意味があるからです。

なお、しめ縄は「注連縄」「七五三縄」とも書きます。後者の「七五三縄」は、細縄に藁を七本、五本、三本と垂らしたこと

鶴壽注連縄（つることぶきしめなわ）
山口県豊浦町　諏訪音松作
昭和 48 年度日本民藝館展出品　縦 140 ×横 80cm

P.17 〜 22 のしめ飾りの写真はすべて日本民藝協会発行の雑誌『民藝』530 号の図版「藁の祭具」に掲載された日本民藝館所蔵のもの。主に昭和 40 年代につくられた、これらのしめ飾りの力強い造形にことほきは魅かれ、制作の参考にしてきた。（写真提供：日本民藝協会）

海老注連飾り　山口県豊浦町　諏訪音松作　昭和 40 年代　縦 40 × 横 75cm

からきています。一方、前者の「注連縄」は、古代中国において、死者の魂が戻らないように、その家の門に張る「注連《ちゅうれん》」という縄に由来しています。

このように古くからあったしめ飾りですが、その原型はどこにあるのでしょうか。宮崎清著『図説・藁の文化』では、六世紀の中国湖南および湖北地方を中心とした年中行事記『荊楚歳時記《けいそさいじき》』の元旦の項に登場する、悪鬼を縛るための葦《あし》でつくられた縄「葦索《いさく》」（「索」は縄の意）に注目しています。この葦の縄はまた、悪鬼の侵入を防ぐために門前に掲げられたものであることから、日本の古いしめ縄にも同じく「悪霊の侵入を阻止する呪術的な縄」の意味があったのではないかと同書では推測しています。

「注連」の由来といい、宮崎氏の指摘といい、いずれにせよしめ縄は、中国の古い風習から何らかの影響を受けて発展していったのではないかと考えられます。

単なる縄から装飾的なお飾りへ

結界を表すしめ縄をお正月に用いる風習は、平安時代から中世にかけて徐々に広

鳥お飾り　岡山県川上郡成羽町　縦 19 × 横 23cm

まっていったとされています。森須磨子著『しめかざり』では、承平五（九三五）年頃に成立したとされる『土佐日記』の元旦の項に「小家の門のしりくべなは（＝しめ縄）」という記述があると指摘しています。しかし、装飾的な要素を備えた「しめ飾り」が登場するのは、それよりずっとあとの近世に入ってからのことです。

しめ飾りのことを詳細に記している文献に、江戸時代後期の三都（江戸、京都、大坂）の風俗を記した百科事典『守貞謾稿《もりさだまんこう》』があります。この巻二六の「正月の門松」と題した項には、「京坂《けいはん》にては、しめと云ふ。江戸にては惣じてしめとも、かざりとも云ふ」「京坂にてはこの二種（＝大根じめ・牛房《ごぼう》じめ）ともに牛房しめと云ふ」とあり、挿絵も添えられています（二〇頁参照）。この頃にはしめ縄にごぼうじめ、大根じめなど装飾的なものが現れ、地方による名称の違いもあったことがわかります。

続けて同書では「近年、江戸にて、稲穂の付きたる藁をもつて輪注連《わじめ》を少し大形に精製し、あるひは奉書紙を蝶のごとく折りたるなど、飾りとなしたる」ものを、風流を好む家では床の間や座敷の柱にかけていると綴っています。稲穂の垂れがついた大型の輪飾り、すなわち「玉しめ」らしきお飾りが江戸ではすでに登場し、粋な正月飾りとして家の中で飾られていたということです。

地方による違いがあったことは『諸国風俗問状答』という文献からも読み取れます。同書は、文化一〇（一八一三）年頃に幕臣の和学者・八代弘賢《やしろひろかた》が全国の藩に送った年中行事に関する質問状の答えをまとめたものです。

同書の正月の項目をたどると、地域によって家のまわりにしめ縄を張るところもあれば、しめ飾りをかけるところもあり、多様なお正月の風景が浮かびあがってきます。しめ飾りの種類にしても、出羽国《でわこく》秋田領では飾藁《かざりわら》（江戸時代のしめ飾りの呼称）に昆布、枝炭、串柿、それに伊勢海老、ただしそれは稀で代わりににしんを添えるとあります。一方、備後国《びんごこく》深津郡では入り口に「輪注連《わじめ》」をかけるとあります。これらの文献を見るに、江戸時代後期ともなると、地方色豊かなしめ飾りの文化が育まれていたことが想像できます。

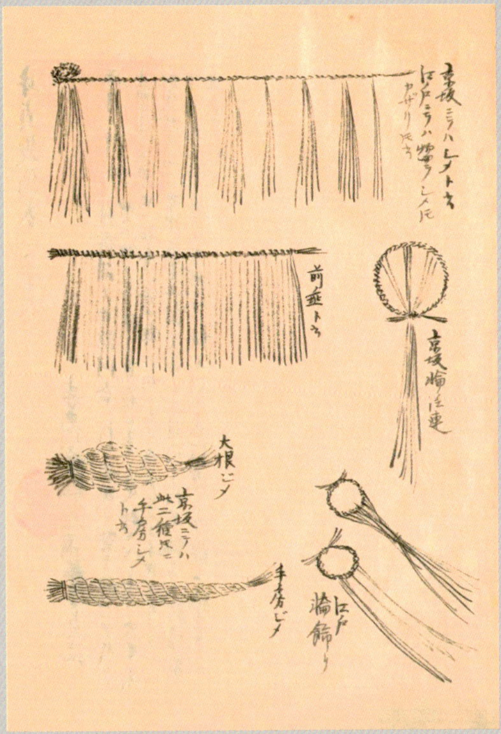

喜田川守貞著『守貞謾稿』
嘉永 6（1853）年成立　国立国会図書館蔵
輪飾りや杓子飾り、藁をすだれ状に垂らした「前垂れ」なども描かれている。

右上／眼鏡注連飾り　大阪府八尾市　浅井福松作
昭和 48 年度日本民藝館展出品　縦 80 ×横 22cm

左上／注連縄　大阪府八尾市　浅井福松作
昭和 47 年頃　縦 85 ×横 72cm

右下／三連穂紋注連飾り　大阪府八尾市　浅井福松作
昭和 40 年代　縦 30 ×横 32cm

左下／棕櫚（しゅろ）注連飾り（牛の鼻輪）　鹿児島県
縦 44 ×横 17cm

みご注連飾り　大阪府八尾市　浅井福松作
昭和 47 年度日本民藝館展出品　縦 163 ×横 100cm

多様化していくしめ飾り

大森貝塚の発見で有名なエドワード・S・モースは、明治時代初期の日本のお正月を日記に書き残しています。その中に、いくつかのスケッチとともに次のようなしめ飾りについての詳細な記述もあります。

新年用の装飾品は稲の藁で出来ていて、いろいろな方法にひねったり、編んだりしてある。それ等を家の入口の上と、家庭内の祠の上とにかける慣《ならわし》がある。意匠の多くは美しく、そのある物は構造上に多分の手並を示している。
――『日本その日その日』

スケッチでは、もっとも意匠が美しく、もっとも一般的なしめ飾りとして、俵が積まれた宝船のお飾りが描かれています。そのほか玉しめやごぼうじめ、前垂れなども登場しています。

このように近代に入り、より意匠を凝らしたしめ飾りが編み出されていきました。それが多様化しながらさらに広がるのは昭和時代の戦後になってからだと考えられます。

宮本常一が昭和四九（一九七四）年に記した『東京の年中行事』では、鳶職に頼んで藁縄を曲げて橙、伊勢海老、昆布、ホンダワラ（海藻の一種）、ユズリハなどをつけた立派な輪飾りをつくってもらい、玄関に飾るとあります。さらに井戸、車、自転車などには簡単な輪飾りをつけると記しています。高度成長期に入り、豊かになるにつれ、豪華なしめ飾りが好まれるようになっていったのでしょう。その背景には、一九七〇年頃から本格的にはじまった国の減反政策も影響したと考えられます。米づくりを控える代わり、しめ飾り用の稲を育て、しめ飾りを制作する農家が増える一因にとなったのです。そして現在に続く多様なしめ飾りが生まれるに至りました。

しめ飾りは、史実として断定的に語るのが難しいものです。なぜなら、お正月が終わると焚きあげられるものだからです。通年飾る場合もありますが、それでも一年経てば新しいものに取り替えられてしまいます。他の工芸品と違って実物があまり残されておらず、歴史をたどるには少ない記録を頼りにするしかありません。

迎える年神様にしても、地域によってその正体は、稲作を守護する「田の神」や、先祖の霊を神様とする「祖霊神」、その年の恵方（吉方位）を司る「歳徳神《とくとくじん》」であったりと一様ではありません。また現代になってからは物や情報の流通が拡大し、何がその地域の伝統であるかを語るのはより難しい状況になっています。しかし、簡単に一括りにできないとはいえ、その根底にあるもの――一年の恵みに感謝し、新たな春を寿ぐ気持ちだけは、遠いはるか昔から受け継がれてきたものであることはたしかでしょう。

しめ飾りができるまで
～ことほきの一年

**しめ飾りは、稲作文化から生まれたもの。
ことほきでは稲を育てることも制作の大切な工程と考えています。
ワラができるまでの一年をスナップ写真とともに追ってみましょう。**

9月初め、稲穂の実り具合を確認する2人。静岡県小山町にて。

しめ飾りに適した ワラを育てるために

ことほきが本格的に稲作に取り組むようになったのは二〇一三年から。以来、地元の農家の方々に助けてもらいながら稲を育てています。

稲作は、三月終わりからはじまります。田植えの時期から逆算して、種籾を発芽させ、苗を育てます。

現在、ことほきで育てているのは四種の稲。メインは「ミトラズ（実採らず）」と俗にいう、しめ飾り用のワラをつくるための稲。穂が実る前に青いまま刈り取るため、こう呼ばれます。なお、ミトラズには地元で「シブサライ」と呼ばれるうるち米の古代品種を使っています。残りの三種は、黒米、赤米、白米です。そのうち黒米、赤米はもち米の古代品種。白米だけは、食用のうるち米の品種を使っています。

古代品種を青刈りして使うのは、そのほうが制作に適した長くしなやかなワラが入手できるからです。本

三〜四月

∴ 育苗

三月の終わりに、前年に収穫した種籾《たねもみ》を水に浸けて発芽を促します。芽が出てきたら、種籾を苗床（育苗箱）に均等にまいていきます。あとは田植えまで、ビニールハウスの中で苗を育てます。

上／種籾に吸水させ、発芽を促す「浸種」の様子。中／浸種の期間はだいたい 8 〜 10 日ほど。育苗箱にまく作業は通常、4 月上旬に行う。下／田植えまでは、ビニールハウスの中で温度を一定に保って苗を育てる。

五月

∴ 田植え

田植えを行うのは例年、五月の半ば。田植えの前には、田んぼに水を張り、土をかき混ぜて平らにならす「代かき」などの準備をしておきます。そして暖かく風の穏やかな日を選び、苗を植え替えます。

上／苗を田植え機にセットしたら、田植え開始。まっすぐに植えるのがコツ。下／風が強いと苗が倒れてしまうので、強風の日は NG。また水温が低くても根づきが悪くなるので、いつも天気を見極めながらの作業に。

八月

∴ 青刈り

シブサライ（うるち米）の稲穂が実る前に、一部を残して青いまま刈り取ります（青刈り）。しめ飾りづくりにとって、大敵はワラのカビ。刈り取ってすぐにしっかりと乾燥させることが肝心です。十分に乾燥させたら、あとは色が褪せないように遮光ネットに入れて保管します。

右上／稲穂が実る前に刈り取った稲は、青々としているのが特徴。この青みを生かすために、乾燥は手際よく行うことが大切。右下／刈り取ったらすぐに、アスファルトの上に重ならないように並べて天日干し。日に当てすぎると色が抜けてしまうので、約１日、天日に当てたあとは、倉庫の中で扇風機をまわしながらかけ干しし、さらに乾燥させる。上／８月に入ったら、青刈りの季節が到来。天気のいい日を見計らって、８月いっぱい作業は続く。

来なら収穫後の稲を使うところですが、近年は台風などの被害を避けるため、背丈を伸ばさず、実りの多い品種の改良が進んでいます。そのためしめ飾りの制作者の多くは、専用に稲を育てているのです。

　四種の稲は、それぞれ生育具合が異なります。田植えをしたら、夏までは雑草を刈るなどこまめに田んぼの世話をします。そして夏から秋にかけては青刈り、稲刈りと続き、刈り取ったワラの乾燥作業もあわせて行います。冬はいよいよ制作シーズン。年が明けて一息ついたら、また稲作のはじまりです。

　毎年同じように育てたつもりでも、できあがるワラは一様ではありません。年によって天候が異なり、短かったり、青みが弱かったりと、思うようにいかないこともあります。しかし、それは自然相手だから当然のこと。出来に一喜一憂しながら、来年はどうしようかと考える。それもまたしめ飾りをつくる醍醐味の一つだと思っています。

九〜十月

∴ 稲刈り

稲の種類によって収穫時期が異なるため、稲刈りは九月と十月の二回に分けて行います。

九月に行うのは、青刈りのときに刈らずに残しておいたシブサライの稲刈り。黒米、赤米（もち米）が実るのは、それから一ヶ月以上あとのこと。黒米と赤米は毎年十月中旬に、一度に刈り取ります。

刈り取ったあとは、すべてかけ干し。その中からしめ飾りに使う分を選んで取り分けます。また、来年まく種籾を選り分けるのも大切な作業。その上で余ったものは、脱穀して食用にします。

飾りに使う稲穂のついたワラも、しっかり乾燥させることが大切。使うまでは倉庫で陰干しして乾かしながら保管します。

もち米のかけ干し風景。右が黒米、左が赤米。

シブサライの稲刈りを終え、かけ干ししているところ。

十一〜十二月

∴ 制作

十一月に入ると、しめ飾りづくりが本番を迎えます。注文を受けたものを制作するほか、週末にはワークショップも開催します。自分たちでつくる分には限界があるので、人に教える機会を大切にしています。

上・右／完成したしめ飾り。形が崩れないよう注意しながら梱包するのもひと苦労。中・左／ワークショップの様子。ワラと格闘する慌ただしい日々は毎年、年末まで続く。

しめ飾りの制作技法

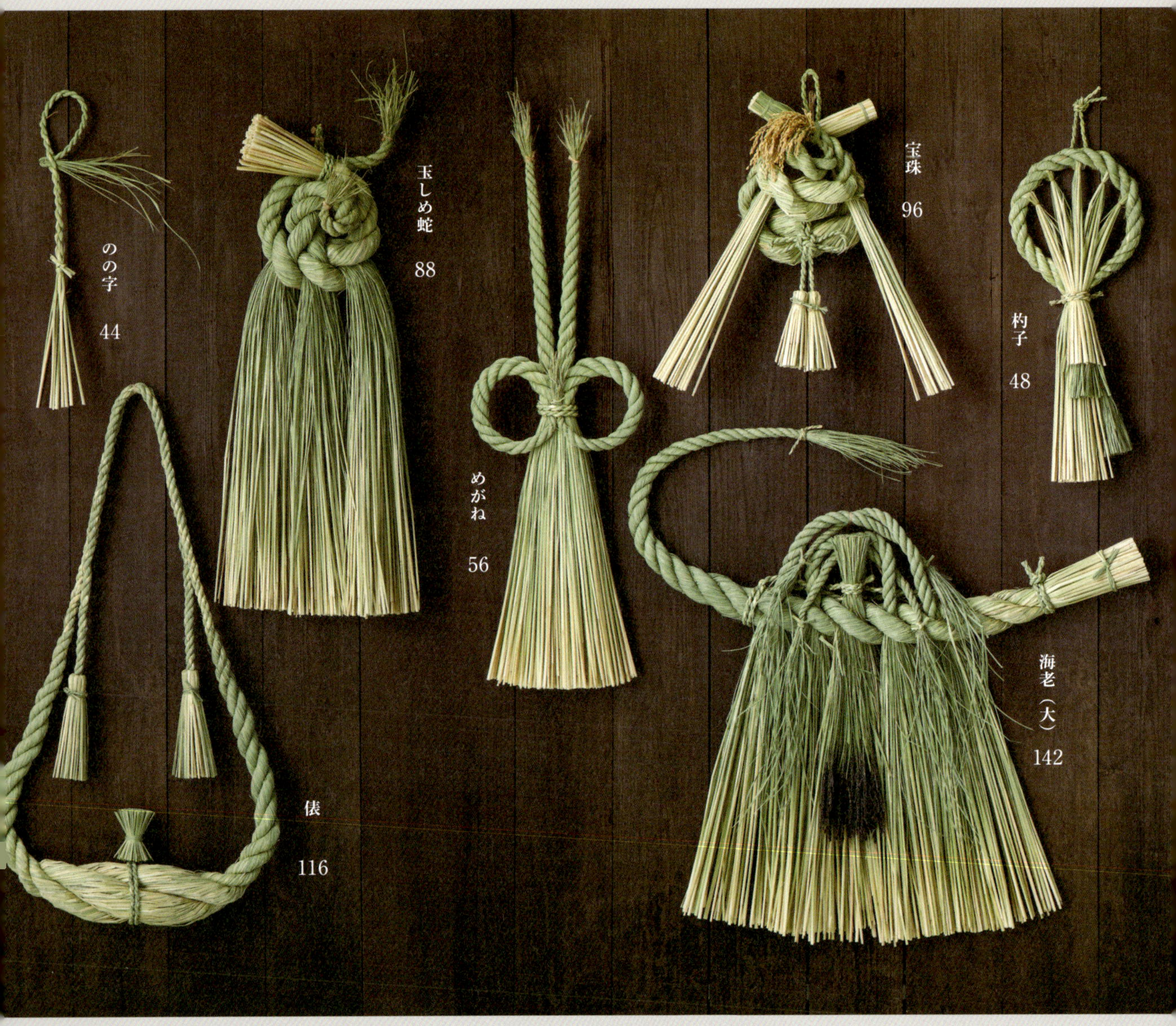

のの字
44
玉しめ蛇
88
めがね
56
宝珠
96
杓子
48
俵
116
海老（大）
142

 ※飾り名の下の数字はページ数です。

つくり方の基本

しめ飾りの材料

脱穀したワラ

脱穀後に、ハカマを取り除いたワラ。ミゴ（穂の部分）はついた状態。

ハカマ

ハカマ（葉）。中が空洞になっている。

ワラ

稲穂が実る前に青刈りし、ハカマを取り除いたワラ。

〈稲穂つきのワラ〉

白米

赤米

黒米

しめ飾りに使うワラ

ワラは葉の巻きついている稈《かん》（茎）とハカマ（下葉）、先端のミゴ（穂の部分）からなります。しめ飾りに使うワラは、主に乾燥させた茎の部分です。茎の断面は中が空洞のストロー状になっており、そこに空気が含まれるため、弾力性や保温性があります。また調湿性にも優れ、水分を含ませると手で自由に加工できる一方、乾燥すると締まって強度が増します。それらの特徴を生かし、昔から多様な工芸品がつくられてきました。

ことほきがふだん使うワラは、うるち米の古代品種を青刈りしたもの。青刈りするのは、実り前のほうがワラに青みがあり、しなやかさがあるからです。長さは年によって異なりますが、刈り取り時に120cm前後です。ほかに古代品種のもち米（黒米と赤米）、一般に食用されるうるち米（白米）を育て、造作によって使い分けています。

稲のつくり

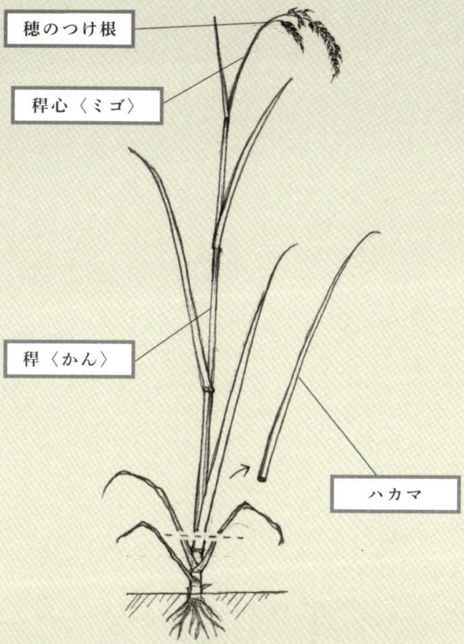

ワラは、農家から分けてもらったり、農協やホームセンターで購入したりして入手する人が多いと思います。その際、必ずしも古代品種である必要はありません。そのワラの長さや太さにあわせ、材料欄に記載した本数を参考に調整しながらつくってください。

保管方法と下準備

刈り取ったワラは、手際よく乾燥させます。カビや退色を防ぐため、十分に陰干しし、クセがつかないように軽く束ねて保管します。

作業前には、ワラ選《すぐ》りをしてハカマを取り除きます。ハカマはあんこ（詰めもの）をつくるのに使うのでとっておきましょう。次に作業しやすいよう、霧吹きでワラの表面全体に水分を含ませます。水に浸けると空洞部分に水が入り、ふやけてかえって扱いにくくなるので注意。霧吹きをかけたら、ビニールシートなどを被せて約3時間ほどおいて、下準備は完了です。

ワラの下準備

〈ワラ選《すぐ》り〉

ハカマを手ぐしなどで取り除く。穂がある場合は、ミゴの部分を下から上に引く「ミゴ抜き」も。

〈吸水〉

霧吹きで表面全体に均一に水分を与えること。時間が長すぎると、カビの原因になるので要注意。

その他の材料

しめ飾りの制作には、ワラを縛るための縄、麻ひも、PPロープなどのひも類が必要になります。基本的には麻ひもを用い、縄は主に飾り結び用、PPロープは仮留め用に使います。

市販の飾りには針金やテグスなどを用いた飾りも多いですが、ことほぎでは一切使用しません。理由は、役目を終えたしめ飾りは神社などで焚き上げられるからです。その際、自然に返らないものを努めて残さないように配慮しています。同様に、完成後につける縁起物のお飾りにも植物や紙類などを用いるようにしています。

1

2

1.ワラを綯った縄。つくり方はP.34参照。2.大きい束をまとめるときには、跡がつかないPPロープ（右）を。麻ひも（左）は短すぎると結びにくいので長めに切っておく。

縁起物のお飾り

完成したしめ飾りには、縁起物のお飾りをつけるのが一般的です。ことほきでは、ワラの青々とした美しさ、造形の力強さを大切にしているため、飾りつけは基本的に控えめです。実際にことほきが使うお飾りを紹介します。

紙垂〈しで〉

稲妻の形を表した紙片で、古くは木綿などでもつくられていました。「四手」とも書き、しめ縄には4枚垂らすのが一般的です。聖域を示し、五穀豊穣を願うとともに、邪気を払う意味も込められています。

ユズリハ

若葉が出たあとに古い葉が落ちることから、絶え間ない世代交代の意に。子孫繁栄を願って正月飾りに使われます。

裏白〈うらじろ〉

シダの一種で、1対の羽片を広げます。「齢垂（しだ）る」にかけて長寿を意味するほか、葉裏の白さから清い心も表します。

掛鯛〈かけだい〉

「めでたい」に通じる縁起物の鯛の紙細工。向かいあわせの「掛鯛」は「夫婦、家族が丸く収まるように」を表します。

橙〈だいだい〉

実が2〜3年は落ちず、同じ木に何代もの実がなることから「代々栄える」を意味する縁起物として用いられます。

用意する道具

多くの道具を揃えなくても制作できるところが、しめ飾りのよさ。ことほきがふだんから愛用している道具を紹介します。実際に試して、手になじむ使いやすいものを選ぶようにしましょう。

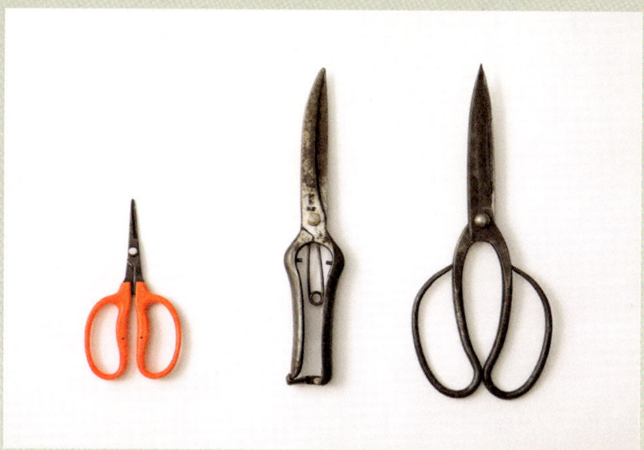

ハサミ

右から剪定バサミ、根切りバサミ、通常のハサミ。ケバ（はみ出したワラ）やひもを切るには通常のハサミ、束ねたワラの根元を揃えるには大きいハサミ（剪定バサミ、根切りバサミ）と、大小2種類を使い分けましょう。

整形用の板

しめ縄を転がし、形を整えるために使います。台となる大きい板と、縄を挟んで転がすための小さい板の2種類を用意しましょう。大きい板が入手できなければ、硬く平らな床面などでも代用できます（P.41参照）。

霧吹き

ワラが乾燥すると、作業しにくくなるため、霧吹きは必須。右は蓄圧式スプレー、左は通常の霧吹きです。通常の霧吹きだけでも対応はできますが、蓄圧式スプレーがあると、ワラ全体を湿らせたいときに便利です。

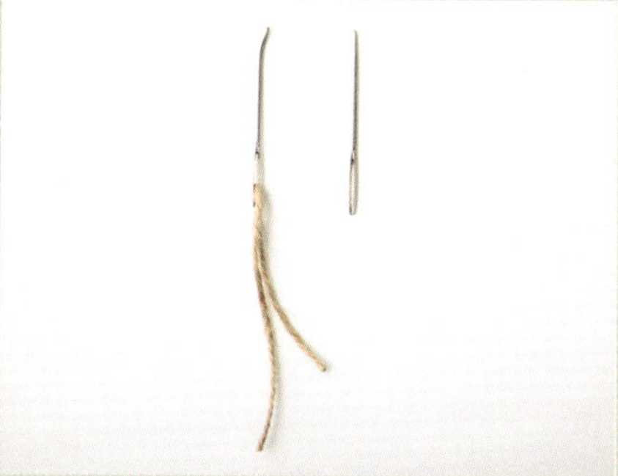

針

形を固定する際、麻ひもを通しやすくするために使います。写真は編み物用のとじ針（左は先曲げタイプ）ですが、太めの針なら何でもＯＫです。

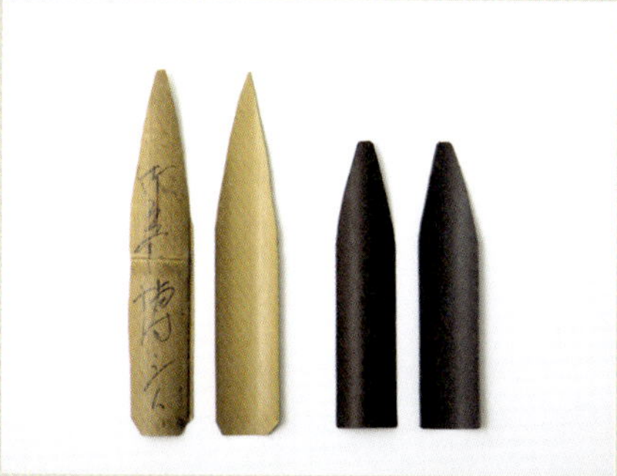

ヘラ

ワラの束を縄の間に挿し込む際、2本で挟んで通し穴をつくります。竹ベラなどの先端をカットして尖らせると、作業しやすくなります。

縄を綯う

縄綯いは、ワラ細工の基本です。使うワラの本数が、2本ずつ4本ならば「2本どり」、3本ずつ6本なら「3本どり」と呼びます。しめ縄やしめ飾りのように神事や吉事に用いるものは3本どり、5本どりなど奇数にするのが一般的です。

綯い方には、つくり手から見て時計回りに綯う「左綯い」と、反時計回りに綯う「右綯い」があります。「左上位」の考えがある日本では、しめ縄やしめ飾りには「左綯い」を基本的に用います。一方、日常生活で使うものには「右綯い」を多く用います。ことほきでは、しめ縄やしめ飾りは「左綯い」、縄は「右綯い」で制作しています。基本は3本どり、太いところに結ぶ場合は5本どりと使い分けています。

一、縄を綯う（右綯い）

1 右綯い３本どりの縄をつくる。ワラを６本用意し、根元を足でしっかり押さえ、左右３本ずつに分けて持つ。

2 右手に持ったワラを左手のワラの上に持ってきて、両方の手のひらで挟む。

3 右手を前に押し出すようにして両手をこすりあわせ、2～3回ほど転がして撚る。

4 右手でワラをつかんで左手の上に戻すと、2つの束が交差し、縄目ができる。

5 2～5の動作を繰り返すと、縄ができあがる。

二、ワラを足す

6 ワラが細くなってきたら、片方の束の中心にワラを1本挿し込み、数目綯う。もう片方の束も同じように足す。

7 必要な長さまで綯ったら、両端を麻ひもで留めて完成。

ワラ足しのタイミング

ワラは自然物なので、太さ、長さは一定ではありません。綯っていて細くなってきたと感じたら、適宜ワラを継ぎ足しましょう。1目、3目、5目と奇数目にワラを足していくと、両方の束に均等にワラを足していくことができます。

三つ縄を綯う

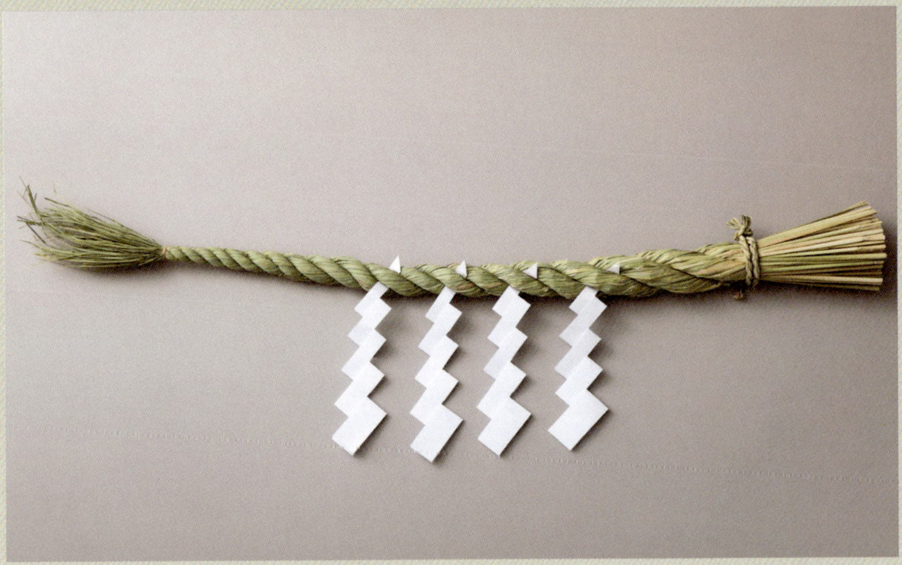

3束のワラを綯いあわせる「三つ縄」は、しめ飾りの基本形です。飾りの多くは、三つ縄のアレンジからできています。

三つ縄は3束に分けたうちの2束を先に綯い、そこに3束目を綯い込んでつくります。単純に三つ縄を綯ったものは、その細長い形から「ごぼうじめ」と呼ばれます。束の中に「あんこ」という詰めものを入れ、根元から中央にかけて太くしたものは「大根じめ」と呼ばれます。

ごぼうじめや大根じめは、神棚に多く用いられています。一般に、太い根元のほうを神棚に向かって右側、細い先のほうを向かって左側に設置し、紙垂を挟み込んで飾ります。ただし、地方によって左右逆に飾る場合もあります。

一、根元を束ねる

1 ワラを約100本用意し、根元を揃える。

2 根元から15～20cmのところを長めの麻ひもで巻き結び（P.43参照）する。束が開くぐらい、ぎゅっと力を入れて結ぶこと。

3 巻き結びをしたあと、ほどけないように本結び（P.43 参照）をして、しっかり留める。

4 根元が広がらないように、PP ロープで蝶結びをして仮留めする。

二、3等分する

5 根元を下にして立て、葉先側を少量ずつ結び目で 90 度に折り曲げ、均等に 3 束に分ける。

6 折り目でワラが交差しないよう、中心からきれいに 3 束に分ける。

三、2束を綯う

7 手で持ってみて、3 束が均等な太さになっているかを確かめ、調整する。

8 1 束を、根元に向かって折り返す。

9 根元の仮留めをいったん外し、折り返した束とあわせて再度、仮留めする。

10 仮留めした束をお尻の下に入れて固定し、留めていない 2 束を手前に持ってくる。まずはこの 2 束を綯っていく。

11 右の束を持ち、右手の親指が自然と下に向く方向にねじって撚りをかける。以降、特筆がなければ、撚るときはすべて同じ方向に。

12 30cm ほど撚ったら、撚り終わりのところを右足のかかとでしっかり押さえる。

13 左の束を、同じように 30cm ほど撚る。

14 撚り終わりのところを右手で押さえたまま、左手で、右足で押さえていた右の束を持つ。

15　両方の手をもとに戻し、時計回りに 1 回綯う。

16　右手に持った束を右足のかかとで押さえる。

17　14 ～ 16 を繰り返すと左綯いの縄ができる。

18　2 束とも撚りをかけながら、先まで綯う。綯い終わったところを適宜、お尻の後ろにずらすと作業しやすい。

19　先から約 15cm のところまで綯ったら、麻ひもで仮留めする。

ワラが乾燥してきたら

ワラは乾燥すると、扱いにくくなります。乾燥してきたら、霧吹きで水を吹きかけ、適度な湿り気を保つこと。

四、3束目を綯う

21　3束目を根元の仮留めから外し、根元だけを仮留めし直す。

22　右手の親指が自然と下に向く方向にねじって撚りをかける。

綯い込む位置に注意！

最初は1目と2目の間に綯い込みます。次は2目飛ばし、3目と4目の間に綯い込みます。2目おきに綯うと覚えます。

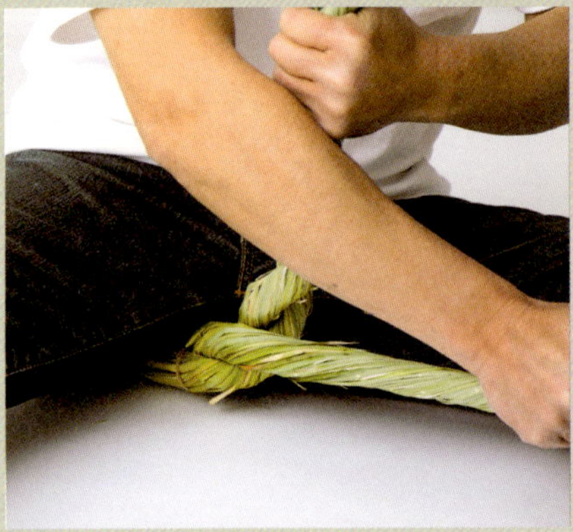

23　2束の間の溝にそわせて、時計回りに綯い込む。

24　3束目の撚りを適宜かけながら、綯い込んでいく。

25　3束目を綯ったら、先の束とあわせて結ぶ。

五、形を整える

26 大きい板を台にして上に縄を置き、小さい板を根元から穂先に向かって前後に動かす。通称“コロコロ”の作業。

“コロコロ”のコツ

縄目が多少不均一でも“コロコロ”の作業をすることできれいに揃います。体重をかけ、凸凹した縄目が均一に、真っすぐになるように転がしましょう。

27 はみ出しているワラを、根元からハサミを入れて切る。通称“チョキチョキ”の作業。

“チョキチョキ”のコツ

縄目にそって根元から切るのがポイント。ワラを引き抜くのは、縄目がゆるんでしまうので厳禁です。根気よく丁寧に切り取りましょう。

六、仕上げ

28 先端の仮留めの手前で、麻ひもで巻き結びをして、本結びする。

29 仮留めを外す。本結びの余分な麻ひもを片結びして、吊り手をつくる。

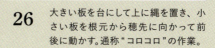

30 根元を短いワラにあわせて、剪定バサミなど大きいハサミで切り揃える。

31 根元を縄で男結び（P.43 参照）する。

32 根元の仮留めの余分な麻ひもを片結びにして吊り手をつくり、完成。

紙垂のつくり方

紙垂には、流派によってさまざまな形がありますが、本書では一番簡単なつくり方を紹介します。

用意するものは、和紙（奉書紙、半紙など）とハサミ。大きさは、しめ飾りのサイズによって適宜、変えてください。

1

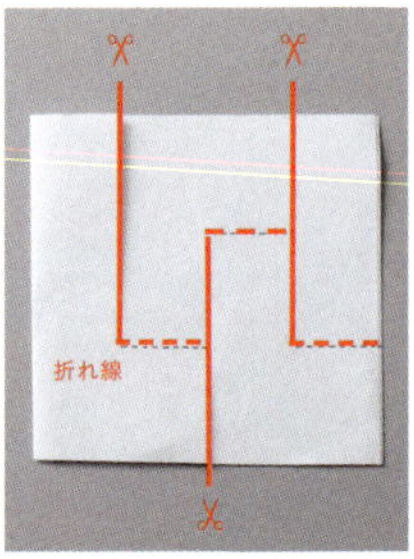

2

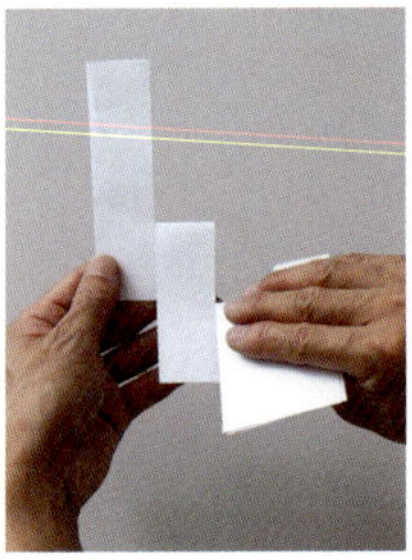

3

1. 2つ折にした状態で、正方形になるように半紙を切る。折り目を左にして、3 箇所に切り込みを入れる。 **2.** 点線部分 3 箇所を左から手前に折り返す。 **3.** 紙垂の完成。

本書で使う結び方

＊「仮留め」とある場合は、あとでほどきやすいように蝶結びもしくは片蝶結びをしてください。

＊麻ひもの長さは、「長め」と表記のあるものは約1m、それ以外は約50cmを目安にしてください。

＊飾り結びなどに使うワラ（材料外）は、とくに記載がなければワラを1本使用してください。

巻き結び

ワラの束をしっかり結び留める際に使います。結びやすく、一度縛ったらゆるみにくいのが特徴。棒状のものにロープをつなぐときにも利用されます。

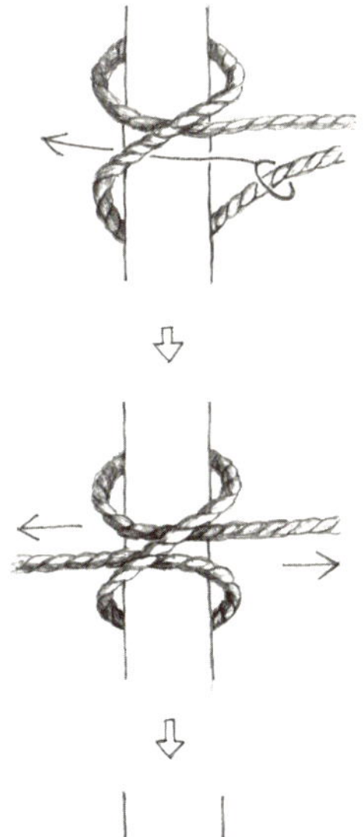

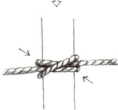

本結び

ひもの端同士を結び留めるときによく用いられ、真結び、固結びとも呼ばれます。本書では、巻き結びをしたあと、さらに固定したいときに使います。

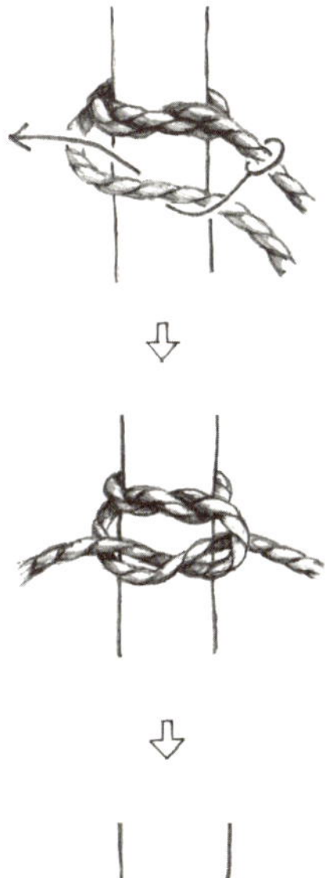

男結び

仕上げの結びに使います。完成した結び（こぶ）は上に向けます。竹垣や男性用角帯の結びにも用いられます。

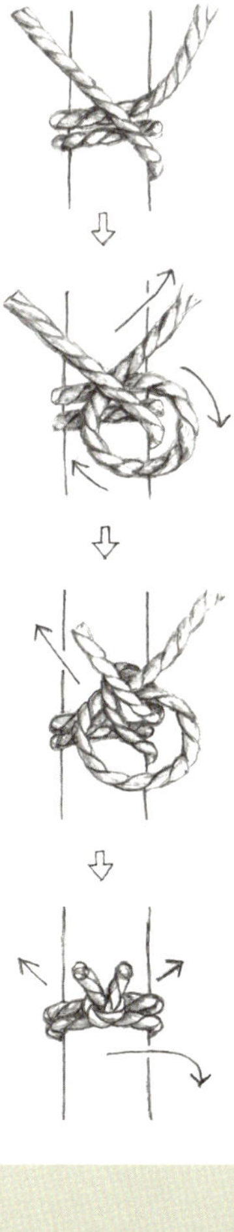

のの字

「のの字」は、富士山東麓の御厨《みくりや》地方で昔からつくられている輪飾りです。

輪飾りとは台所や風呂、厠《かわや》などの水場をはじめ、勝手口や裏門など生活の要所のほか、農具や車などの必需品にも飾られます。数をつくるため、豪華な玄関飾りとは異なり、簡単なつくりであるのも特徴です。輪のつくり方や垂れの形状は地方によりさまざまですが、縄綯いを輪にするのが基本です。

中でも平仮名の「の」を逆に描くように輪をつくる「のの字」は、ひもを使って結ぶこともなく、もっともシンプルな形状といえます。左右非対称であるところもおもしろく、輪の大きさや縄の長さなどを変えて、好きなように形づくることができます。単純なつくりであるだけに、つくり手の遊びを反映しやすいお飾りといえるでしょう。

のの字のつくり方

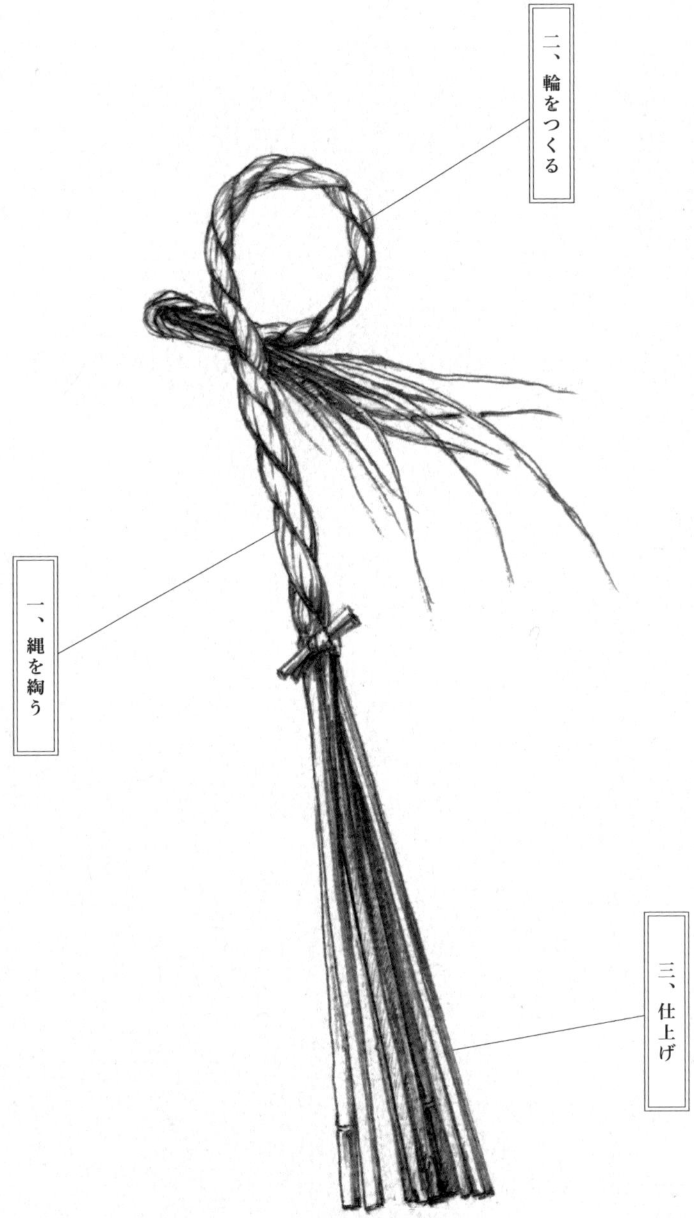

サイズ　縦 約60×横 約10（輪の大きさ）cm

材料　ワラ…10本

ポイント　縄を綯っただけのシンプルな「のの字」は、まさに初心者向け。ワラは乾くと締まって動かなくなるという性質を利用して、麻ひもも使わずにつくります。飾る場所にあわせて、ワラの本数を増やしたり、大きさを変えたりして、自分なりの「のの字」をつくってみるのもいいでしょう。

一、縄を綯う

1　ワラを5本ずつ2束に分ける。根元を足で押さえ、先端から20cmのところまで縄を綯う（P.34~35参照）。

二、輪をつくる

2　綯い終わりのところを折り曲げてつまみながら、輪をつくる。

3　綯いはじめから約20cmのところの縄目を広げる。

4　つまんだワラの先端を、広げた目の間にさし込む。

三、仕上げ

5　根元を短いワラにあわせて切る。

6　縄がほどけないよう、綯いはじめをワラ（材料外）で仮留めをする。縄が乾燥したら、仮留めは外してOK。

杓子

杓子《しゃくし》は、ご飯や汁物をすくい取るための道具です。ご飯をよそう平らなヘラ状の「しゃもじ」、汁物をよそうくぼみのある「お玉」の両方を指します。

しめ飾りのモチーフには、縁起物が多く選ばれる中、この杓子のお飾りは暮らしの道具から着想を得ているところが、趣を異にしています。「福をすくい取る」という意味があるとされますが、そこには少なからず「日々の糧に困らないように」との切実な願いが込められていたのではないでしょうか。

輪の中に入れる束の数は三、五、七の吉数が用いられます。一般には輪を綯いながら束をもさし込んでいきますが、ことほきでは輪を綯ってから、束を別につけます。そうすることで柄の部分にボリュームを持たせ、バランスよく装飾的に仕上げています。

杓子 のつくり方

二、輪をつくる
三、下がりをつける
四、仕上げ

サイズ 縦 約60×横 約25cm
（吊り手含まず）

材料 ワラ…75本（三つ縄用）
48本（ワラ足し用）
15本（下がり用）
縄……約50cm×1本
麻ひも
PPロープ

ポイント 最初にワラを足しながら、長い三つ縄を綯います。ワラ足しの目安を書いていますが、ワラによって太さは異なるので、適宜調整し、均等な太さになるように綯いましょう。下がりはまっすぐぴんと張っているほうがきれいに見えるので、ゆるまないようにしっかり引っ張りながら仕上げるのがコツです。

一、三つ縄を綯う

1　ワラを75本用意し、根元から35cmのところを長めの麻ひもで巻き結びし、本結び。三つ縄を綯う要領で3束に分け、2束を綯う（P.36～42参照）。

2　3綯い目まできたら、ワラを2本足す。足すワラは入れやすいように、あらかじめ斜めにカットしておく。

3　同じように反対側の束にも2本、ワラを足す。ワラ足しは、中心にさし込み、束で包み込むようにするのがコツ。

4　交互にワラを2本ずつ、各8回ワラを足しながら綯う。1mくらい綯ったら、麻ひもで仮留めする。

5　3束目を綯う。同じく3綯い目から2本ずつ、計8回ワラを足しながら綯い込んでいく。

6　先まで綯ったら、先端の仮留めを外し、3束をあわせて結び直す。“コロコロ”と“チョキチョキ”をして整える。

二、輪をつくる

7 縄の部分で直径20cmの輪をつくり、つけ根を麻ひもで巻き結びして、本結びする。

8 輪の根元（柄の部分）の長さ約半分の位置を目安に、縄の先のほうを麻ひもで巻き結びして、本結びする。

9 縄の先のほうの仮留めを外し、結び目のところまでほぐす。

10 輪の根元にあわせて、ほぐしたワラを切り揃える。

三、下がりをつける

11 ワラを3本ずつ5束に分ける。輪の頂点の縄目に、束を根元のほうから入れる。

12 束を引き下ろし、輪の根元の長さ約半分の位置まで持ってくる。

13 縄目のところを指で押さえながら、束の先のほうを折り返して表側にくぐらせる。

14 裏返し、折り返したつけ根近くで、麻ひもで仮留めする。

15 2目右に、同じように束を入れ、仮留めする。

16 反対側の2目左にも同じように束を入れ、仮留めする。

17 15のさらに2目右にも同じように束を入れ、仮留めする。

18 16の2目左にも同じように束を入れ、仮留めする。

19 折り返したところがゆるまないようにしっかり引っ張ってから、つけ根を細めの麻ひも（なければ通常の麻ひも）で巻き結びして、本結びする。

20 残り4本もすべてしっかり結んだら、仮留めを外す。

21 下がりはワラの根元を上にして、下の束とあわせてPPロープで仮留めする。

22 輪の下の位置を、麻ひもで巻き結びして固定する。結びを締める前に、ゆるまないよう下がりを引っ張る。

23 しっかりと締めたら、ほどけないように本結びする。仮留めのPPロープを外す。

四、仕上げ

24 裏返し、先の麻ひもの上に、縄で巻き結びをする。

25 余分な縄を切る。

26 下がりの根元側の束を、短いところにあわせて切る。

27 下がりの葉先側の束を、26 の根元側より 5cm 長めに残して切る。

28 縄のほぐした先を、下から 5cm 切る。

29 輪の根元の仮留めを外し、切り揃える。

30 余分なひもを切って出来あがり。吊り手をつける場合は、縄（材料外、約 50cm × 1 本）を輪の縄目に通して片結びする。

めがね

「先を見通す」「見通しがいい」とされ、全国でつくられているめがねのお飾り。名称から察するに、それほど古いしめ飾りではないように思われます。しかし、形状自体は輪飾りを二つ組みあわせた、非常に単純なものです。「縦海老」にも似ていることをあわせ考えると、造形としては昔からあったのではないかと推測できます。

しめ飾りの多くが曲線的であるのに対し、「めがね」はまっすぐに伸びる直線と、正円に近い丸との幾何的な構成が目を引きます。また、右綯いと左綯いの縄をシンメトリーに組みあわせているところも、ほかのお飾りにはないおもしろさといえるでしょう。

二本の縄でつくるのが一般的ですが、ことほきではより線と円との構成を際立たせるために、四本の縄を使って制作しています。

めがね のつくり方

サイズ　縦 約 110 × 横 約 30cm

材料　ワラ…400 本（約 100 本× 4 束）
縄…約 80cm × 1 本
竹ひご…径 2mm、長さ 90cm × 2 本
麻ひも
PP ロープ

ポイント

右綯い、左綯いの三つ縄を、それぞれ竹ひご入り、竹ひごなしで綯い、合計 4 本の縄を合体させてつくります。きれいに仕上げるには、縄目が 4 本とも均等になるよう、同じ力の入れ具合で綯うこと。また竹ひごを入れて綯うときは、曲げたりせず、中心にまっすぐ伸びている状態で綯うように心がけましょう。

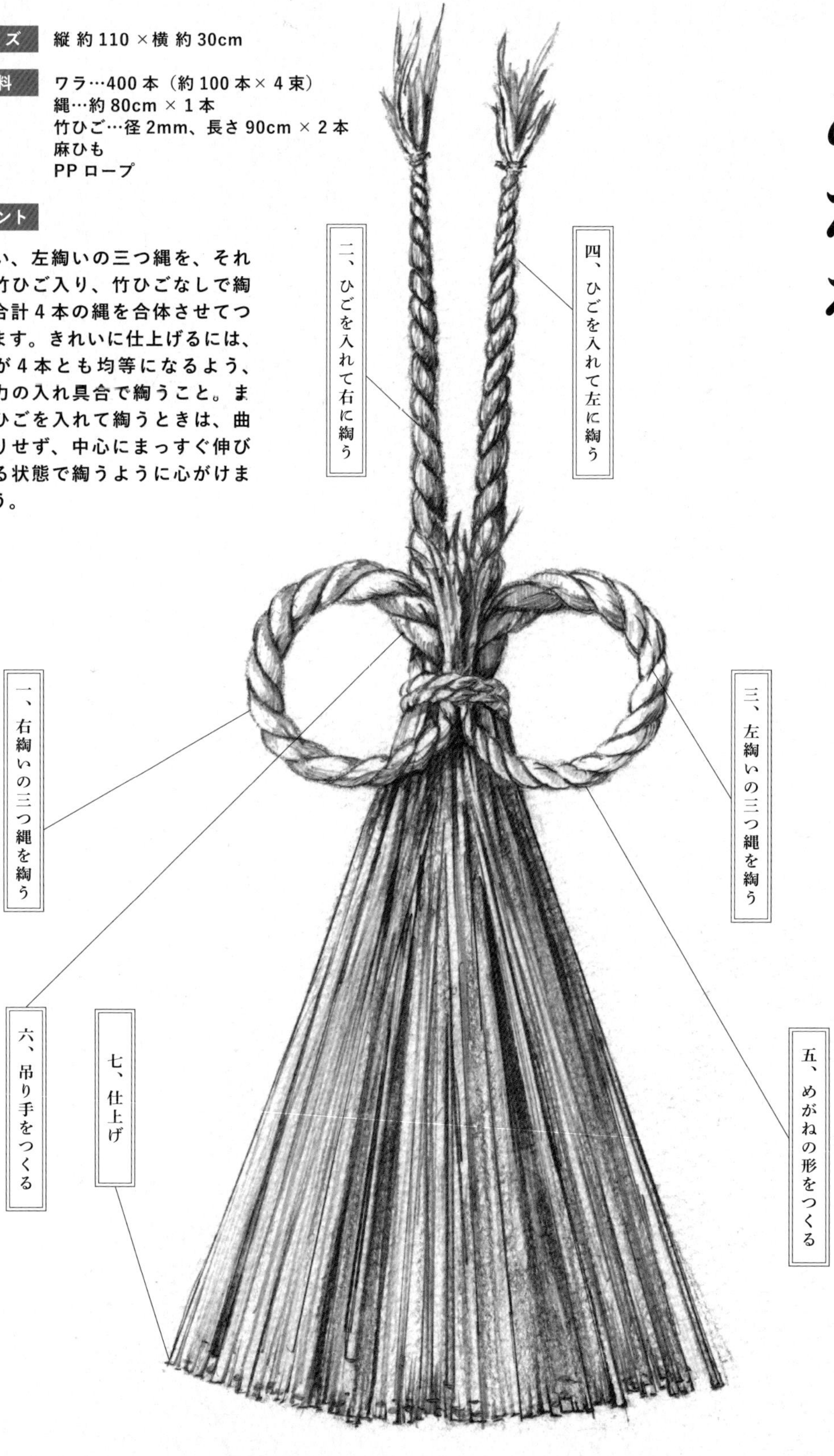

一、右綯いの三つ縄を綯う

1 ワラを 100 本ずつ 4 束に分ける。1 本目の三つ縄を綯う。100 本を先に 3 等分しておく。根元から 50cm 強のところを麻ひもで巻き結びし、本結び。

2 2 束を綯う。右綯いなので、通常とは逆向きに撚る。右手の親指が上に向く方向に撚りをかける。

3 2 束を綯いあわせるときも、通常とは逆回転。反時計回りに綯い、先端から 5cm のところで、麻ひもで仮留めする。

4 3 束目を同様に反時計回りに綯い込んでいく。先まで綯ったら、仮留めを外し、巻き結びして本結びする。

二、ひごを入れて右に綯う

5 2 本目をつくる。1 まで終えたら、綯う前に、束の中心に竹ひごをワラの先端と同じ長さぐらいまでさし込む。

6 2 束を綯う。竹ひごが常に軸の中心にあるように意識しながら、2 ～ 3 と同様に反時計回りに綯っていく。先端から 5cm のところで、麻ひもで仮留めする。

7 3 束目を綯う。4 と同様に反時計回りに綯い込んでいく。先の 2 束を浮かせながら綯うのがコツ。先まで綯ったら、仮留めを外し、巻き結びして本結び。

三、左綯いの三つ縄を綯う

8 3 本目をつくる。左綯い（時計回り）で、三つ縄を綯う。

四、ひごを入れて左に綯う

9 4 本目をつくる。6 と同じように竹ひごを束の中心に入れ、左綯いで三つ縄を綯う。

10 4 本とも完成したら“コロコロ”と“チョキチョキ”できれいに整える。右から左綯い、ひご入りの左綯い、ひご入りの右綯い、右綯いの三つ縄。

五、めがねの形をつくる

11 ひご入りの 2 本を結ぶ。右に左綯い、左に右綯いを置き、先端の高さを揃える。根元の結び目付近で、麻ひもで巻き結びして本結び。余分なひもを切る。

12 その上に、ひごなしの左綯いを右に、右綯いを左に置き、先端の高さを揃える。11 と同じ位置で、麻ひもで巻き結びして本結び。余分なひもを切る。

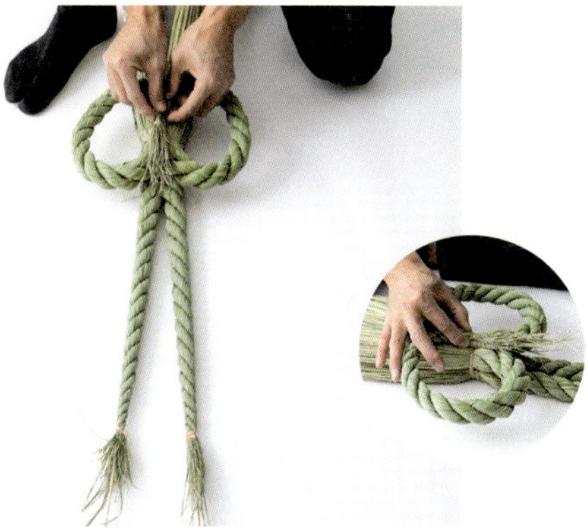

13 上のひごなしの縄を丸め、左右対称の輪をつくる。先端の結び目と 12 の結び目をあわせるのが目安だが、多少ずれても OK。

14 丸めた先端と全体とをあわせて、麻ひもでしっかり巻き結びして、本結びする。余分なひもを切る。

六、吊り手をつくる

15 裏返し、14 の麻ひもを結んだところの上に、縄で巻き結びする。

16 縄を 2 本あわせて、結び目の約 7cm 上のところを麻ひもで巻き結びして、本結びする。余分なひもを切る。

七、仕上げ

17 はみ出している左右の竹ひごを、ワラで隠れる程度の位置（結び目から 2cm 程度）で切る。

18 裾を切り揃える。切りやすいよう、PP ロープの仮留めを 1 つにまとめ、短いところにあわせてカット。仮留めを外したら出来あがり。

鳥

宮崎県の高千穂地方や、岡山県、広島県などの山陽地方などで散見される鳥のお飾り。ただし昭和の記録などを見ると、群馬県など他地域でも確認されており、かつては幅広くつくられていた可能性があります。

鳥のお飾りは、鶏をかたどったもの。新春の到来を告げるとされ、地方によって呼び名は異なります。ことほきでは、日本民藝館所蔵のお飾り（一九頁）の愛らしさに惹かれたのが、制作のきっかけです。

三つ縄を胴体とし、房を足に見立てるなど、しめ縄の基本構造を残しつつも、わかりやすく具体的な形に落とし込んでいます。しめ縄の造形のおもしろさを、もっとも具体的な形で拡張している例といえるでしょう。そこには、身近な動物への愛着が形となって現れているのかもしれないなどと想像が膨らみます。

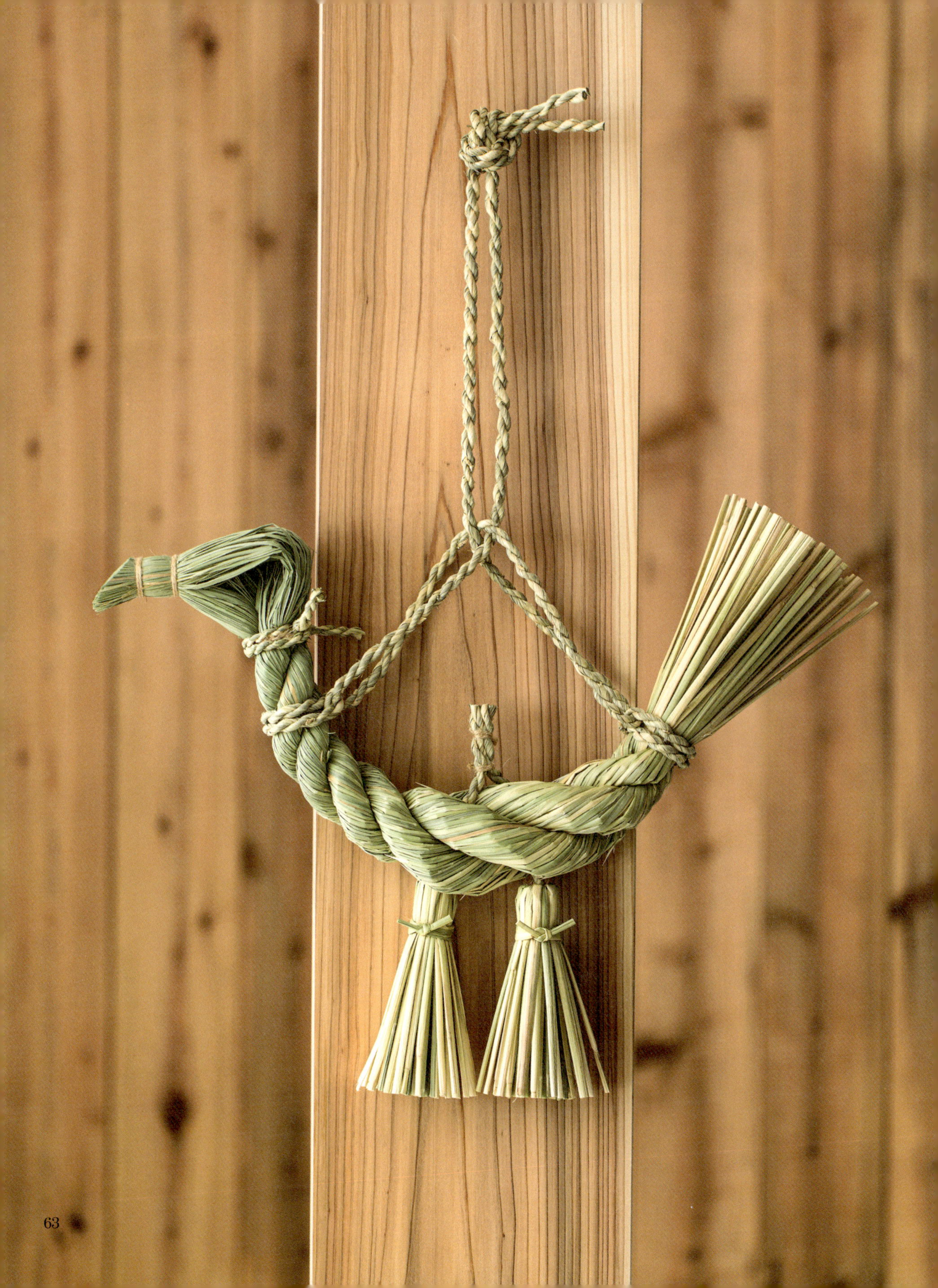

鳥のつくり方

四、房（足）をつくる
七、仕上げ

サイズ 縦 約 75 × 横 約 55cm

材料 ワラ…100 本（三つ縄用）
75 本（あんこ、房用）
縄…約 35cm × 2 本（房用）
約 70cm × 1 本（首の飾り結び用）
約 270cm × 1 本（吊り手用）
麻ひも
PP ロープ

ポイント あんこのつくり方にきまりはありませんが、細長い紡錘《ぼうすい》形にすることで、胴体が自然な形になります。頭の形によって表情が変わるので、気に入った顔をつくってみてください。胴体の丸みや房のつき方などのちょっとした違いが、バランスに大きく影響します。適宜、下げた状態で確認しながら作業しましょう。

一、あんこをつくる

1 ワラを25本ずつ3束に分け、麻ひもで仮留めする。根元から35cmのところを切る。葉先側であんこを、根元側で房（足の部分）をつくる。

2 あんこをつくる。切り離した葉先側の、根元から2cmのところを麻ひもで巻き結びし、余分なひもを切る。

3 あんこを入れたときに自然な形になるよう、まわしながら斜めに切り、先を尖らせる。

4 根元から長いところで10cmになるように、斜めに切る。

5 4の葉先側のワラを広げて、根元側5cmのところに切った束を入れる。

6 束をワラで包む。束の結び目を指で押さえ、半分に開く。間にワラ（材料外）を挟み込んで閉じる。

7 根元に向かって、らせん状にワラを巻きつける。根元まで巻いたら折り返し、今度は先に向かって巻いていく。

8 25cm ほど巻いたら、束の間に挟む。6 で挟んだワラをゆるまないようにぎゅっと引っ張って締め、2cm くらい残して短く切る。

9 3 と同様に根元をまわしながら、斜めにカットする。残り 2 束も同じようにつくる。

二、三つ縄を綯う

10 ワラ 100 本を用意し、三つ縄を綯う。根元から 20cm のところを長めの麻ひもで巻き結びし、本結び。折り返した 1 束を PP ロープで仮留めする。

11 2 束を綯う。右の束を扇状に広げ、結び目から 5cm くらいの中心にあんこを入れて撚る。右の束を足で押さえ、左の束にも同様にあんこを入れて撚る。

12 適宜、撚りをかけながら時計回りに綯う。9 目くらい綯ったら、麻ひもで仮留めする。

三、頭の形をつくる

13　3束目も同様にあんこを入れて撚りをかけ、先まで綯い込む。綯い終わりを3束であわせて仮留めする。“コロコロ”と“チョキチョキ”をして整える。

14　根元から数えて7目の終わりで、麻ひもで巻き結びして、本結びする。きちんと留まるように、結び目を縄目の上に持ってくる。余分なひもを切る。

15　三つ縄を綯った際の仮留めを外し、ワラをほぐす。

16　ワラを扇状に広げ、右手の親指で根元の中心を押さえる。左手で上から弧を描くようにしてワラをまとめ、仮留めする。

17　裏返し、仮留めのすぐ内側（喉側）を、ひもが交差しないように気をつけながら巻き結びして本結びする。余分なひもを切る。

18　表に戻して仮留めを3cmほど先端へずらしたら再度裏返し、そのすぐ内側（喉側）を同じように麻ひもで巻き結びして本結びする。余分なひもを切る。

19 余分なワラをきれいにカットするため、仮留めをさらに5cmほど先端へずらし、そのすぐ内側（喉側）を麻ひもで巻き結びしておく。

20 表に戻して仮留めをさらに2cmほどずらし、19のひもとの間をカットする。

21 胴体の形をつくるため、乾燥するまで喉と尾の間に麻ひもを渡し、仮留めしておく。

四、房（足）をつくる

22 1で切り落とした根元側のワラを、30本ずつ2束用意する。束を広げ、中心に約35cmの縄を置いて包み込む。

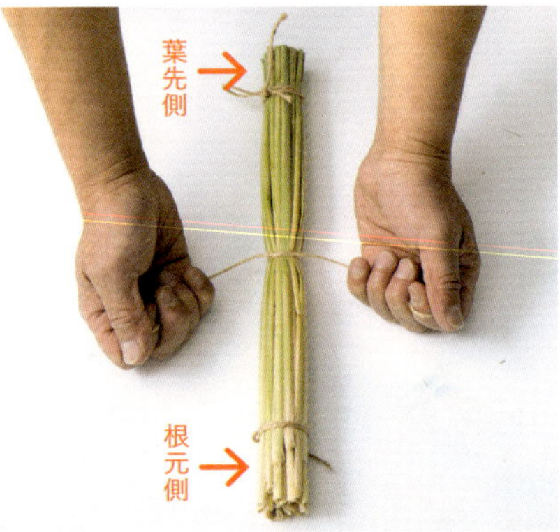

23 両端を揃えて麻ひもで仮留めする。手前にワラの葉先側を持ってきて、真ん中よりやや手前でしっかり巻き結びする。余分なひもを切る。

24 外側に根元の白いほうがくるように、根元の仮留めを外す。まわしながら、外側から1本ずつ折り返す。

25　きれいなところを表に決める。裏返し、上から3cmのところをしっかり巻き結びして、本結びする。余分なひもを切る。

26　中に入っているワラの裾のほうの仮留めを外す。残り1束も同じようにつくる。

27　裾を短いものにあわせて切り揃える。

五、吊り手をつくる

28　21の仮留めを外し、首元の飾り結びをする。背に結び目がくるよう、約70cmの縄で巻き結び。3〜4cm残して余分な縄を切る。

29　尾の根元で縄（約270cm）を約80cm残して巻き結び。縄を首元まで渡し、首元より約10cm内側で、先とは反対側に縄が約80cm残るように巻き結び。

30　輪の間に、左右の縄を交差させて通す。

六、房（足）をつける

31　縄の先を２本あわせ、あとから形を調整するので、ゆるく片結びしておく。

32　根元から２綯い目を押し開け、表を上にして房を差し込む。

33　その隣の縄目に、同じようにもう１本の房を入れる。同じ縄目に入らないように注意。

34　房の縄を２本あわせ、麻ひもで仮留めする。胴と足のバランスを整える。

35　裏に返して、仮留め（青い矢印）の上下 1cm のところ（赤い矢印）を麻ひもで巻き結びして、本結びする。

36　仮留めを外し、縄を胴の背の部分から約 5cm のところで切る。

七、仕上げ

37 三つ縄の根元の仮留めを外し、1の縄の綯いはじめの余分な麻ひもを切る。短いところにあわせて、根元を切り揃える。

38 くちばしを、下が長くなるように斜めに切る。一気に切るのがきれいに仕上げるコツ。

39 吊り手を結ぶ。いったん31の片結びを外し、胴体が丸い形になるよう、引っ張って整えてから、2本あわせてしっかり片結びする。余分な縄を切る。

40 頭部まわりのはみ出しているワラを切って整える。

41 房の麻ひもの上を、ワラ（材料外）で本結びする。余分なワラを切る。

42 胴体の丸い形を保つために、形を整えてから全体に霧吹きをかけ、吊り下げて乾燥させる。

玉しめ

「玉しめ」は、太い三つ縄で輪をつくって縁起のいい玉の形に仕立て、末広がりの垂れをつけたお飾りです。関東近辺では、お正月の玄関飾りの定番で、紙垂やユズリハ、裏白に橙、海老、昆布など各種、縁起物のお飾りをつけて飾るのが一般的です。

玉しめの形は、しめ縄をさまざまな飾りに仕立てていく初期の段階で生まれたのではないかと考えています。ことほきが、鈴木安一郎の父・博六《ひろむつ》から最初に習った飾りもこの玉しめでした。今回、垂れには稲穂のついた藁を使っていますが、藁だけでつくってもすっきりとした形になります。

玉しめ(小)は、玉しめを飾りやすいように小さくアレンジしたものです。垂れには藁を半分にして重ねたものを使い、できるだけ無駄なく藁を使うための工夫をしています。

玉しめのつくり方

サイズ 縦 約 105 × 横 約 60cm

材料
ワラ…120 本
ハカマ…150 本
稲穂つきワラ（黒米）…約 200 本
縄…約 50cm × 1 本
麻ひも
PP ロープ

ポイント 最初にあんこを入れて三つ縄を綯い、輪の部分をつくります。あんこは、縄の中でなじむように紡錘形にし、ゆるく留めるのがポイントです。次に、輪の部分に稲穂つきの垂れを5束差し込みます。輪の一番太いところが下にくるよう、バランスを見ながら垂れの位置を決めましょう。

一、あんこをつくる

1 ハカマを 50 本ずつ 3 束に分け、あんこを 3 本つくる。紡錘形になるよう、あらかじめ根元をずらしておく。

2 根元から約 20cm のところで折り返す。

3 先端が太くならないよう、折り返したところをずらす。

4 根元から先に向かってワラ（材料外）をらせん状に巻きつけ、巻き終わりを胴体に通して軽く留める。残り 2 束も同じようにつくる。

二、三つ縄を綯う

5 ワラの根元から 15 ～ 20cm のところを長めの麻ひもで固く巻き結びする。根元が広がらないよう、PP ロープで仮留めする（P.36 ～ 42 参照）。

6 根元を下にして葉先側を折り曲げ、均等な太さになるように 3 束に分ける。1 束は根元の PP ロープの仮留めと一緒にまとめておく。

7　2束を綯う。右の束を10cmほど撚ったら、ワラを扇状に広げ、中心にあんこをさし込む。

8　あんこをワラで覆いながら、らせんを描くように均等に力を入れて撚る。

9　8の束を足で押さえながら、左の束も同じように、あんこをさし込んで撚る。

10　2束を時計回りに綯う。先端に少し房を残し、麻ひもで仮留めする。

11　3束目の仮留めを外し、先の2束と同様、10cmほど撚りをかけ、あんこをさし込んで撚る。

12　3束目を綯い込む。先まで綯ったら10の仮留めを外し、3束をあわせて巻き結びし、本結びする。

三、輪をつくる

13 “コロコロ”と“チョキチョキ”をして整えてから、根元を上左側にして輪をつくる。一番太いところが中心下にくるようにする。

14 裏返し、5の麻ひもの余りで仮留めする。形が崩れるのを防ぐため、半日ほど陰干しして乾燥させる。

四、垂れをつくる

15 黒米の稲穂つきワラを40～50本ずつ、5束に分ける。ワラを上から下に引き、稲穂のつけ根の位置で揃える。

16 揃えた稲穂のつけ根のところを、麻ひもで仮留めする。茎の部分も束ね、麻ひもで仮留めする。残りの4束も同じようにする。

五、垂れをつける

17 垂れは手前に2束、奥側に3束さし込む。まず手前2束の位置を決める。中心を決め、その左右にある縄目が目安。

18 14の仮留めを外す。決めた位置にヘラをさし込み、その間に垂れの束を、見栄えのいいほうを表にして入れる。束を奥までさし込み貫通させる。

19 2束目も決めた位置にヘラをさし込み、根元から20cmくらいのところまで通す。

20 裏返して、残り3束をさし込む。手前2束の間の縄目に、3束目を同じようにヘラを使って通す。

21 4束目を20の右隣の縄目、5束目を20の左隣の縄目に同じように通し、5束がそれぞれ違う縄目に入るようにする。

22 三つ縄の部分を再度丸めて、輪をつくる。18の麻ひもで、今度は巻き結びをしてしっかり固定する。

六、垂れを束ねる

23 表に返し、長さを調整し、稲穂のつけ根の位置を揃える。

24 裏返して垂れの根元をまとめる。長めの麻ひもで固く巻き結びをし、余分なひもを切る。

七、仕上げ

25 垂れの仮留めをすべて外し、一体感が出るようにほぐす。

26 垂れの根元を 24 の結び目から約 12 cmくらいの位置で切る。きれいに切り揃えるには、1～2 本切って位置を決めてから全部切るのがコツ。

27 輪の根元の仮留めを外し、切り揃える。26 と同様にバランスを見ながら 1～2 本切って位置を決めて切る。

28 裏返し、垂れをまとめたところを、縄で巻き結びにする。

29 吊り手をつくる。28 の縄を 2 本まとめて麻ひもで巻き結びにしたあと、本結びする。余分な縄と麻ひもを切る。

30 輪の根元をワラ（材料外）で仮留めして完成。乾燥するまで、垂れもワラ（材料外）で軽く留めておくと広がらずまとまりやすくなる。

玉しめ（小）のつくり方

サイズ 縦 約50×横 約30cm

材料
ワラ…100本
稲穂つきワラ（赤米）…50本
縄…約50cm×2本
麻ひも
PPロープ

ポイント 三つ縄を綯って輪をつくり、そこに垂れを差し込むのが基本的な流れ。輪の先を反り返らせ、勢いのある形にするには、ワラがまだ湿っている間に、仮留めして形をつくっておくこと。垂れは、稲穂つきワラを稲穂側と根元側の二つに切ったものをあわせて無駄なく活用するのもポイントです。

一、三つ縄を綯う

1 ワラを 100 本用意し、根元から 15 ～ 18cm のところを長めの麻ひもで巻き結びし、本結びする。

2 三つ縄を綯う（P.36 ～ 42 参照）。

二、輪をつくる

3 根元を下にして直径約 15cm の輪をつくり、1 の余った麻ひもで仮留めする。

4 先端部分を反り返った形にクセづけするため、三つ縄の先を麻ひもで仮留めし、乾燥させる。

三、垂れをつくる

5 稲穂つきワラ（赤米）を 50 本用意する。稲穂のつけ根の位置で揃え（P.79 の 15 参照）、麻ひもで仮留めする。

6 垂れの根元側と穂先側の 2 か所を麻ひもで仮留めする。

7　垂れを輪に当ててバランスを見ながら、2つに切る。根元のほうがやや長く、穂のつけ根が輪にかかるくらいの位置が目安。

8　根元を下にして、穂先とあわせる。

9　輪の上に8を重ねて置く。垂れを通したときに結び目が隠れる位置を確認し、その位置で8を麻ひもで巻き結びして、本結びする。

10　6の仮留め2か所を外してから、根元を麻ひもで巻き結びして本結びし、余ったひもを切る。

四、垂れをつける

11　3の輪の仮留めを外し、三つ縄の綯いはじめの上から下までぐるっと縄目が見えるところの間にヘラをさし込む。

12　ヘラの間に垂れをさし込み、貫通させる。

13 垂れを9の結び目が隠れる位置に持ってくる。垂れを通した縄目に、長めの麻ひもを通す。

14 裏返して、輪の形をつくりながら、麻ひもを交差させる。

15 表に返してもう1周、縄目に麻ひもを通す。

16 裏に返して、輪の形を整えたら、巻き結びをしてしっかり固定する。さらにほどけないように本結びをする。

17 余ったひもで片結びをして、吊り手をつくる。余分なひもを切る。

五、仕上げ

18 輪の上に出ている垂れを、輪の近くで結び目が裏にくるようにして、縄で巻き結びする。

19 輪の根元のところを、結び目が上にくるようにして縄で男結びする。余分な縄を切る。18 の余分な縄も切る。

20 男結びの縄から 10cm くらいのところで、輪の根元を切り揃える。

21 18 の巻き結びの縄から 5cm くらいのところで、垂れの根元を切り揃える。

22 垂れの先を、穂先から 5cm くらい下で切り揃える。

23 稲穂のつけ根の仮留めを外してほぐす。形をつくるために留めていた輪の先端の仮留めも切って外す。

24 はみ出しているくずワラがあれば切って整え、完成。

玉しめ蛇

蛇は、古くから龍の化身であるとも神の使いであるともされ、神聖な生き物として扱われてきました。龍は、恵の雨をもたらす水神の一面を持つため、蛇もまた五穀豊穣の願いを込めて縁起物のモチーフに使われることがあります。また、長生きで何度も脱皮をすることから「長寿」や「不老不死」の象徴ともされてきました。

蛇のお飾りは複数の地域で見受けられますが、基本的には玉しめに輪を重ねた玉飾りの発展形。輪の中心に向かってとぐろを巻いているような渦巻きの形状が印象的です。

ことほきでは、垂れの三本の束を使い、そのまま三つ縄を綯うことで勢いのある形を表現しています。玉しめの輪ととぐろの部分とが絡みあいながら中心に向かっていくところが造形的なおもしろみを感じさせます。

玉しめ蛇のつくり方

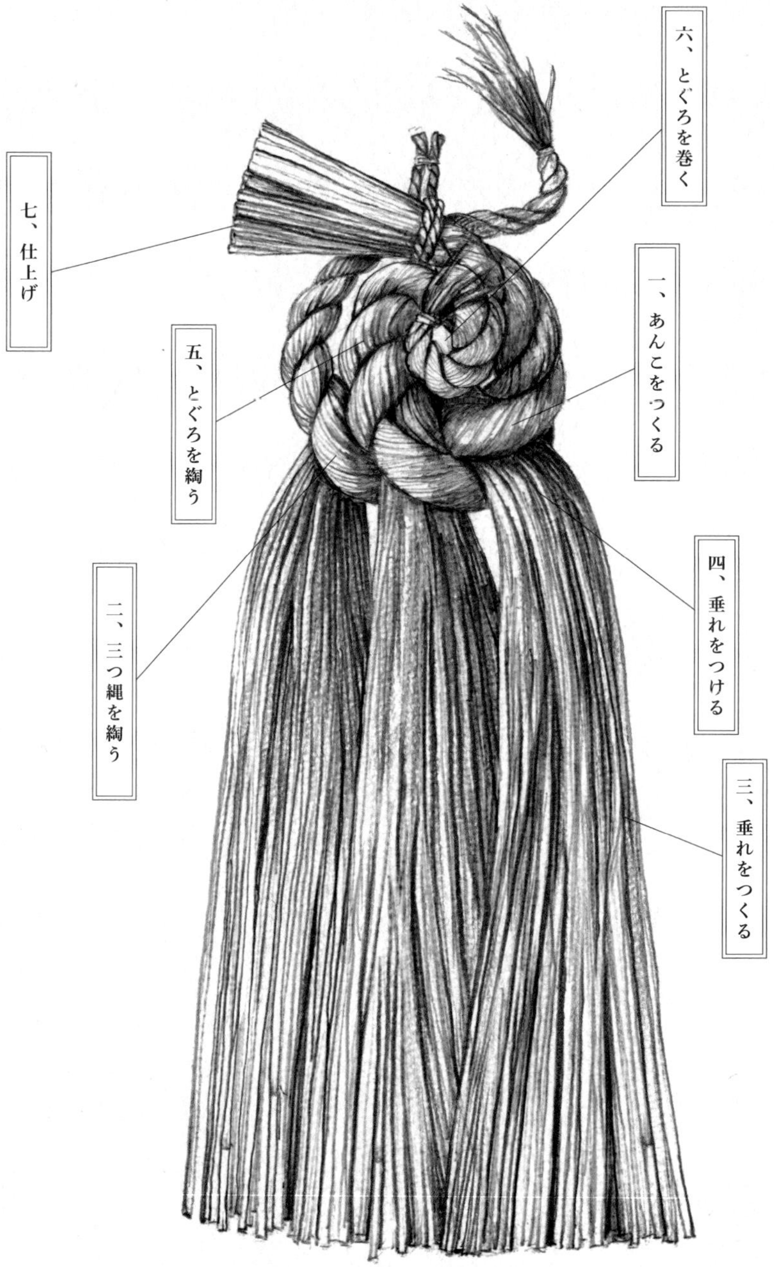

サイズ　縦 約100×横 約30cm

材料　ワラ…120本（三つ縄用）
240本（垂れ用）
ハカマ…150本
麻ひも
PPロープ

ポイント　垂れの葉先側のワラを使って三つ縄を綯い、とぐろを巻いた蛇の形を表現します。玉の部分と垂れの部分のボリューム感を出すのがポイント。玉は巻き上げるようにして立体感を出し、垂れは長さに余裕をもたせてつくること。最後にバランスを見て調整し、迫力のある形に仕上げましょう。

一、あんこをつくる

1 ハカマを 50 本ずつ 3 束に分け、あんこを 3 本つくる。紡錘形になるよう、あらかじめ根元をずらし、根元から約 20cm のところで折り返す。

2 先端が太くならないよう、折り返したところをずらす。

二、三つ縄を綯う

3 根元から折り返した先に向かってワラ（材料外）をらせん状に巻きつけ、巻き終わりを胴体に通して軽く留める。残り 2 束も同じようにつくる。

4 ワラの根元から 15 ～ 20cm のところを長めの麻ひもで巻き結びする。根元が広がらないよう、PP ロープで仮留めする。

5 あんこを入れて、三つ縄を綯う（P.77 ～ 78「二、三つ縄を綯う」を参照）。

6 " コロコロ " と " チョキチョキ " で整える。根元を上左側、一番太いところを中心下にして輪をつくる。根元の麻ひもの余りで仮留めして乾燥させる。

三、垂れをつくる

7　ワラを 80 本ずつ 3 束に分ける。根元を揃えて、麻ひもで仮留めしてまとめておく。

8　根元から約 3cm のところを麻ひもで巻き結びして本結びし、余分なひもを切る。残り 2 束も同じようにつくる。

四、垂れをつける

9　輪の中心下の、一番太い縄目にヘラを上から下に向けてさし込む。

10　垂れをさし込みやすいように輪の仮留めを外す。ヘラの間に垂れの束を根元のほうから入れて、貫通させる。

11　10 の左隣の縄目に、同じようにヘラをさし込み、2 束目を通す。

12　10 の右隣の縄目に、同じようにヘラをさし込み、3 束目を通す。3 束とも先を 40cm ほど残すように調整する。

五、とぐろを綯う

13 輪をもとに戻して裏に返し、一番上の交差するところを長めの麻ひもで巻き結びして、本結びする。

14 垂れ先を綯って、とぐろの部分をつくる。三つ縄を綯う要領で、まずは右側、中央の 2 束に撚りをかける。

15 2 束を先まで綯い、麻ひもで仮留めする。

16 3 束目を先まで撚る。

17 3 束目を綯い込んでいく。あとでとぐろを巻きやすくするため、先に綯った 2 束を左に倒して綯うのがコツ。

18 先まで綯ったら、15 の仮留めを外し、3 束をあわせて巻き結びし、本結びする。

六、とぐろを巻く

19　はみ出したワラを丁寧にカットして、きれいに整える（“コロコロ”はせず“チョキチョキ”のみ）。

20　とぐろの部分を、輪の内周にそわせるようにして、ぐるっと巻く。

21　さらに、らせん状に巻いていく。立体的になるよう、盛り上げながら巻くのがコツ。

22　とぐろの先端を、麻ひもで固定する。長めの麻ひもを通した針をとぐろの裏側から入れ、止めたい位置に通す。

23　先端を巻き留めて、裏側に針を刺し戻す。

24　とぐろと輪を固定する。表から見えない位置を選び、縄目にそわせるようにして針を通す。

七、仕上げ

25 裏に返し、形を整え、表から見えないところで本結びする。きつく結ぶと立体感がなくなるので、浮かない程度に結び留めれば OK。

26 垂れの束をまとめている仮留めを外し、先を切り落とす。あとで全体を揃えるので、まずは麻ひもを結んだすぐ内側のところを切る。

27 短い部分にあわせ、垂れを切り揃える。ある程度長いほうがバランスが取れるので、切りすぎないように注意。

28 輪の根元の仮留め（PP ロープ）を外し、バランスを見ながら切り揃える。

29 輪の先を反り返った形にするため、麻ひもで仮留めする。13 の輪を固定したときに余った麻ひもで片結びし、吊り手をつくる。

30 余分な麻ひもを切り、垂れをほぐして整えて完成。乾燥したら、29 の仮留めは外す。

宝珠

宝珠は、仏教において「如意宝珠《にょいほうじゅ》」とも呼ばれる宝の珠《たま》です。「意の如く」という字のとおり、思いのままに願いが叶うとされています。その形は、玉ねぎのように下がふっくらと丸く、頭部はつんと尖っています。仏具ではしばしば火焔《かえん》に包まれた状態で表現されることがあります。

宝珠のお飾りは、三連の輪を重ねた玉飾りの一種です。下にたっぷりとボリュームを持たせた輪で、玉の形を表現しているのが特徴的です。また、玉の量感を際立たせるため、少量の垂れを斜めに配しているのもほかの飾りと異なる点です。玉の部分を強調すべく全体がデザインされているところが、この造形の真髄でしょう。制作のときは、いつも宝珠の形を頭の中で思い浮かべながら、手を動かすようにしています。

宝珠のつくり方

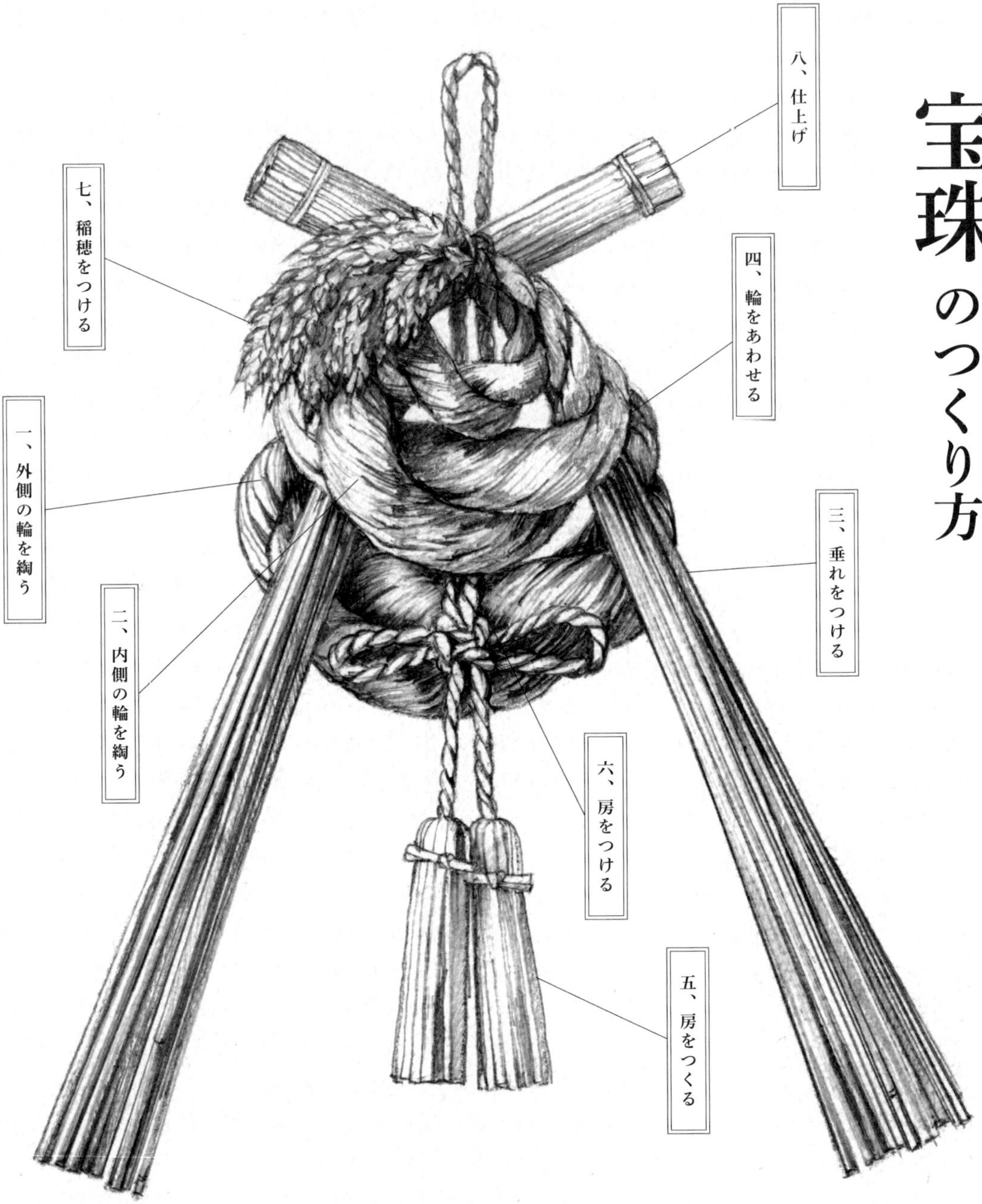

サイズ 縦 約 60 × 横 約 55cm

材料 ワラ…50 本（外側の輪用）
50 本（内側の輪用）
40 本（垂れ用）
40 本（房用）
ハカマ…240 本（外側の輪のあんこ用）
180 本（内側の輪のあんこ用）
稲穂つきワラ（白米）…20 本
縄…約 180cm × 1 本
麻ひも
PP ロープ

ポイント 玉の部分を、あんこを入れながら２本綯いでつくるのが特徴です。外側の輪、内側の二重の輪と、あんこの大きさをだんだん小さくしながら、下太りの輪をつくり、重ねあわせます。あんこの入る位置を随時、確認しながらつくりましょう。玉の部分が完成したら、バランスよく垂れと房を取りつけます。

一、外側の輪を綯う

1 ハカマを120本ずつ2束に分け、あんこを2本つくる。根元をずらしながら約20cmのところで折り返す。折り返したところもずらして紡錘形に。

2 折り返したところにワラ（材料外）をらせん状に巻きつけ、巻き終わりを胴体に通す。残り1束も同様につくり、約25cmのところで斜めに切り落とす。

3 ワラを50本用意し、根元から15cmのところを麻ひもで巻き結びし、本結びする。余分なひもを切る。広がらないよう、根元を麻ひもで仮留めする。

4 太さが均等になるように手で握って確かめながら、2束に分ける。

5 右の束を15cmほど撚ったところで、ワラを扇状に広げ、中心にあんこをさし込む。

6 あんこをワラで覆いながら、らせんを描くように均等に力を入れて撚る。

7　あんこを入れた右の束を足で押さえながら、左の束を同じように 15cm ほど撚って、あんこをさし込む。

8　2 束を時計回りに綯う。縄目が詰まりすぎないよう、きつくねじりすぎないことがポイント。

9　一番太いところが中心の位置にくるまで綯ったら、麻ひもで仮留めする。

10　根元を上左側にして、一番太いところが中心下にくるように輪をつくる。交差させたところを麻ひもで仮留めする。

11　“チョキチョキ”して整えたあと、ワラの先を切り落とす。

二、内側の輪を綯う

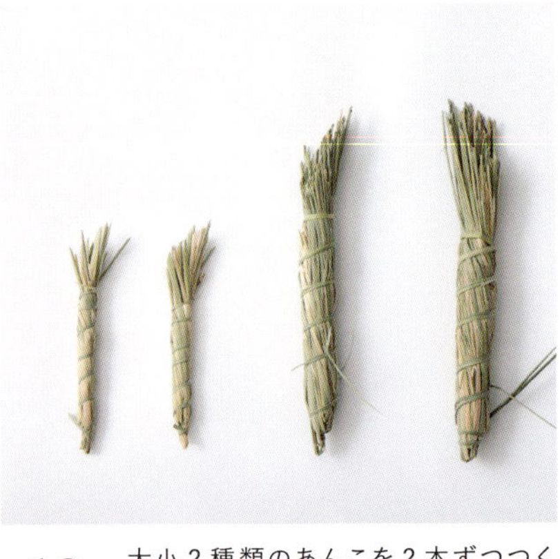

12　大小 2 種類のあんこを 2 本ずつつくる。大きいほうはハカマ 70 本で長さ 30cm、小さいほうはハカマ 20 本で長さ 20cm のあんこにする。

13 ワラを 50 本用意し、3 と同様に根元から 15cm のところを結び、根元を仮留めする。均等に 2 束に分ける。

14 右の束を 10cm ほど撚ったら、中心に大きいほうのあんこをさし込む。ワラで覆いながら、さらに撚る。

15 左の束も同様に、10cm ほど撚ってあんこをさし込む。ワラで覆いながら、さらに撚る。

16 2 束を時計回りに綯う。

17 一番太いところが中心の位置にくるまで綯ったら、麻ひもで仮留めする。縄の太いところを下にして半円形になるよう整える。

18 残ったワラの先を用い、内側にさらに 13 ～ 16 と同じように小さい輪をつくる。一度形をつくり、あんこを入れる位置を確認する。

19 これまでと同様に2束に分け、めんこを入れて2本綯いする。

20 一番太いところが中心の位置にくるまで綯ったら、麻ひもで巻き結びし、本結びする。円形になるよう軽く形を整える。

21 “チョキチョキ”してきれいに整える。

22 根元を輪の一番下、右側に持ってきて、麻ひもで留めたところを目印に2重の輪を形づくる。

23 1周目の綯い終わりの仮留め（9）を外し、位置がずれないように押さえながら3本まとめて巻き結びし、本結びする。余分なひもを切る。

三、垂れをつける

24 ワラを20本ずつ2束に分け、先と根元の2か所を仮留めして垂れをつくる。

25　外側の輪の上に、根元を下にして斜めに垂れをつける。葉先側の仮留めを外し、輪の交差部分から約 55cm のところを巻き結びし、本結びする。

26　内側の輪の下に、同じようにして垂れをつける。余分なひもを切る。

27　両方の輪に垂れをつけた状態。左右対称になるよう、同じ長さ、同じ角度に調整する。

四、輪をあわせる

28　外側の輪と内側の輪を重ねあわせる。輪の交差するところに長めの麻ひもを通す。

29　位置を調整したら、結び目が裏にくるように裏返して巻き結びし、本結びする。ずれないように固く締める。

30　内側の輪の根元の仮留めを外し、垂れの先と一緒にまとめて仮留めする。

31 同様に外側の輪の根元の仮留めを外し、垂れの先と一緒にまとめて、仮留めする。

32 垂れの先の余分なワラを、輪の根元の長さにあわせて左右とも切り落とす。

五、房をつくる

33 約 180cm の縄で、総角（あげまき）結びをつくる。結び方は左図参照。結んだ上部の 2 本をワラ（材料外）で仮留めしてまとめておく。

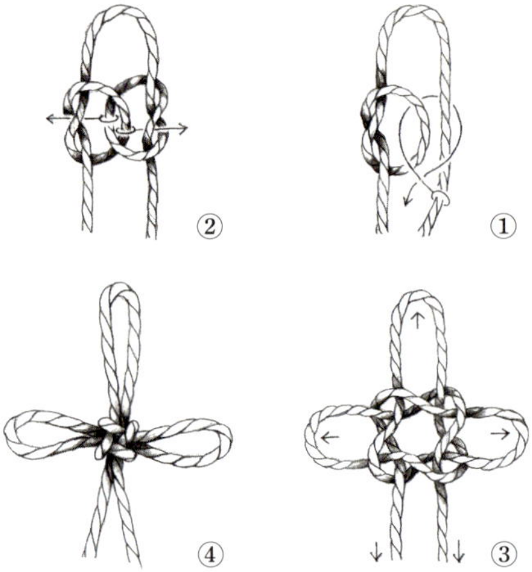

34 根元から 30cm のところを切ったワラ 20 本ずつを 2 束に分ける。縄の結び目から 8cm のところを、ワラの真ん中の位置に置き、ワラで包み込む。

35 ワラの真ん中の位置で、麻ひもでしっかり巻き結びする。

36 まわしながら、ワラを真ん中で1本ずつ折り返していく。

37 すべて折り返したら、房の上から3cmのところを麻ひもで巻き結びして、本結びする。余分なひもを切る。もう一方も同じようにつくる。

38 房の裾を、短いところにあわせて両方とも切り揃える。広がらないよう、裾を麻ひもで仮留めしておく。

六、房をつける

39 房を外側の輪と内側の輪との間に入れて、後ろに通す。裏返し、33の仮留めを外す。

40 房を留める位置を決める。房の長さを調整し、輪の交差部分の位置であらかじめ房の2本の縄を巻き結びしてまとめておく。

41 長めの麻ひもを輪と房の間に通す。40で留めた結び目の上下の間からひもが出るようにする。

42 輪の交差するところでしっかり巻き結びで留めて、本結びする。余分なひもを切る。

七、稲穂をつける

43 稲穂つきワラ(白米)を20本用意し、稲穂のつけ根を揃える(P.79の15参照)。つけ根から20cmのところでカットする。

44 余分な葉を取り除き、茎だけにする。つけ根をまとめるため、目立たないように細い糸(材料外)で巻き結びする。

45 内側の輪の間に稲穂を斜めに通して、外側の輪の垂れにそわせる。

46 裏返して、稲穂を垂れに結び留める。表からなるべく見えない位置を2か所、麻ひもで巻き結びして、本結びする。余分なひもを切る。

八、仕上げ

47 内側の輪から出ている、稲穂の茎の余分な部分を切る。

48　垂れの先を左右両方とも切り揃える。

49　輪の根元と垂れをまとめた、左上の束を切り揃える。

50　右上の束も同じく切り揃える。

51　左右の垂れの真ん中くらいの位置に、ワラ（材料外）で蝶結びをして留める。余分なワラを切る。

52　房の麻ひも（37）を隠すため、ワラ（材料外）で飾り結びをする。麻ひもの上で片蝶結びして、余分なワラを切る。

53　房の先の仮留めを除き、余分な仮留めをすべて外して完成。房の先の仮留めは、乾燥してから外す。

小槌

「小槌《こづち》」は、振ればば何でもほしいものが出てくる「打ち出の小槌」に由来するしめ飾りです。「一寸法師」などのおとぎ話に登場するほか、七福神の大黒様の持ちものとしても知られています。小槌のように極端に太いしめ縄は「大黒じめ」と呼ばれることがあることから、おそらくは五穀豊穣をもたらすとされる大黒様にちなんでいるのでしょう。多くは、縄目の中心に紙垂や縁起物のお飾りを飾りつけて用いられます。

一人では綯うことのできないほどの太いしめ縄。小槌そのものに似せた形状ではありませんが、清らかな新藁を惜しげもなく使い、重量感のある形に仕上げたしめ縄は、遠からず「豊かさ」のイメージと結びつけられてきたのではないかと思います。

小槌のつくり方

サイズ 縦 約 30 × 横 約 100cm
(吊り手含まず)

材料 ワラ…300 本(三つ縄用)
150 本(あんこ用)
縄…約 200cm × 1 本(吊り手用)
約 50cm × 1 本(飾り結び用)
麻ひも
PPロープ

ポイント 2人がかりで極太の縄を綯ってつくる小槌。ワラを十分湿らせること、細かいことは気にせず手際よく綯うことがコツです。吊り元の男結びは、難しければ巻き結びにしてもかまいません。飾ったときに前下がりや後ろ下がりにならないように、吊り手のつまみ具合でバランスを最後に調整しましょう。

一、あんこをつくる

1 ワラを 50 本ずつ 3 束に分ける。根元から約 20cm のところを麻ひもで巻き結びして、余分なひもを切る。

2 結んだところで、ワラをまわしながら折り返していく。

3 2 の折り目から約 25cm のところを麻ひもで巻き結びして、余分なひもを切る。

4 結んだところでさらに折り返す。そこから約 30cm のところを巻き結びして、本結びする。余分なひもを切る。残り 2 束も同じようにつくる。

二、三つ縄を綯う

5 ワラを 100 本ずつ 3 束に分け、PP ロープで仮留めする。3 束をあわせ、根元から約 25cm のところを長めの麻ひも 2 本で固く巻き結びし、本結びする。

6 2 束を綯う。仮留めを外して右の束のワラを広げ、結び目から約 7cm の中心にあんこを入れる。

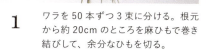

7 あんこを包みながら、撚りをかける。綯い手のほかにもう 1 人加わり、撚りが戻らないように押さえる。

8 左の束も同じようにあんこを入れて撚る。ワラを前に持っていくようなイメージで撚るのがコツ。

9 2 人で協力しながら、2 束を時計回りに綯う。先から約 15cm のところまで綯ったら、麻ひもで仮留めする。

10 3 束目を綯い込む。ワラを広げて、先の 2 束と同じように中心にあんこを入れる。

11 撚りをかけ、先の 2 束に綯い込んでいく。先まで綯ったら、9 の仮留めより 5cm 下で巻き結びし、本結びする。余分なひもを切る。

12 “コロコロ”はせず、“チョキチョキ”だけをして整える。

三、仕上げ

13　根元を短いものにあわせて切り揃える。そのまま置くと浮くので、下に板などをかませるとやりやすい。

14　吊り手をつくる。5の余分なひもを切り、表を決める。根元をまとめてPPロープで仮留め。結び目が上にくるよう、綯い目の根元を縄で男結びする。

15　吊り手の長さを決め、三つ縄の細くなりはじめで同じように男結びをする。2～3cm残して余分な縄を切る。

16　飾り結びをする。9の仮結びを外して、ワラをほぐす。麻ひもの上を縄で巻き結びする。余分な縄を切る。

17　吊り手の上をつまんでバランスを調整し、上から約5cmのところを2本あわせて麻ひもで巻き結びして、本結びする。余分なひもを切る。

18　縄目にそってヘラをさし込み、ワラの流れを整える。根元のPPロープの仮留めを外して完成。

俵

「俵」は、山形県を中心に多く見受けられるしめ飾りです。新たな一年の豊作を願ってつくられるのにふさわしい、米どころならではのお飾りといえます。

一般に俵を模した飾りというと、宝船のお飾りでよく見られる、俵型の藁細工が三つ積まれた形を連想するかもしれません。しかしこの飾りは、中心が太く、左右が長い三つ縄を綯ったもの。太い三つ縄で、積まれた三つの俵を表現し、あくまでしめ縄の変形として表現しているところが独特です。中心にまわした縄と上に向けられた房は、三つの俵を結び留めている姿を表していると考えています。

本書では、左右の長い縄を上で交差させて飾っていますが、本来は俵の部分を中心として神棚などに掛け、左右に渡して余った縄はそのまま垂らして飾りつけます。

俵のつくり方

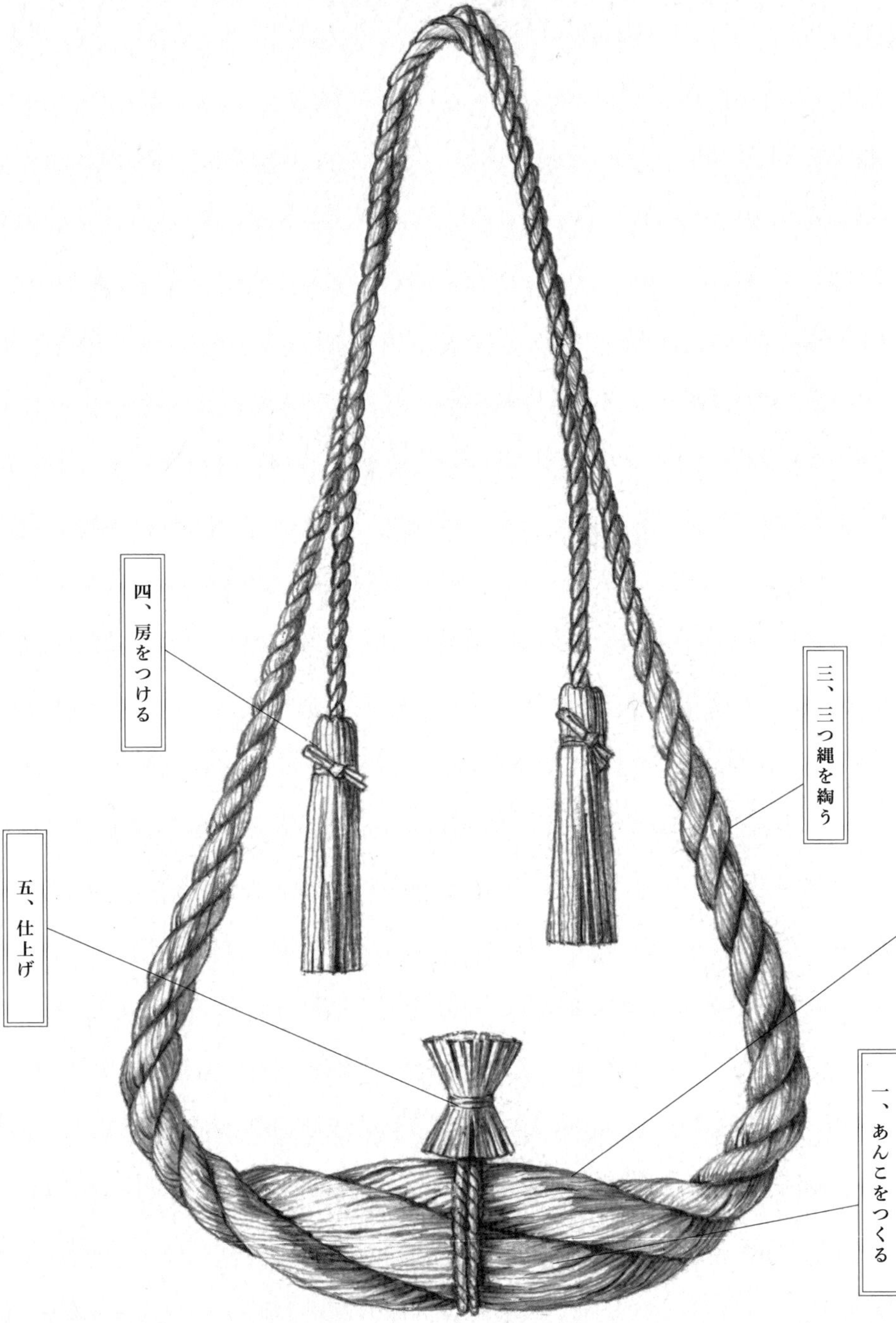

サイズ 縦 約 100 × 横 約 55cm

材料
ワラ…300 本（三つ縄用）＋適量（ワラ足し用）
50 本（うち根元側 40 本は房用、葉先側は飾り用）
ハカマ…150 本
縄…約 100cm × 1 本
麻ひも
PP ロープ

ポイント 2 束を交差させてあんこを入れ、中太りの束をつくって綯います。俵部分を綯うときは、ワラが多少バラけても気にしないこと。仕上げで、縄目にそって外側のワラで包み込むように覆えば整います。肝心なのは中心を見失わず、左右対称の太さで綯うこと。下が平らで、上に太い縄目が積み重なるように見えるところを正面にすると、バランスよくきまります。

一、あんこをつくる

1 ハカマを 50 本ずつ 3 束に分ける。紡錘形になるように根元をずらし、根元から約 15cm で折り返す。折り返したところをさらにずらす。

2 折り返した長さにあわせ、もう一度折り返す。折り返したところをずらす。

3 ワラ（材料外）を先から折り返した根元に向けてらせん状に巻きつけ、間に通す。

4 先を斜めに切り落とす。最終的に長さ 25cm くらいになるようにする。残り 2 束も同じようにつくる。

二、中太りの束をつくる

5 ワラを 50 本ずつ 2 束で 3 セット用意する。できるだけ先の、ワラがバラけないところで麻ひもで仮留めしておく。

6 2 束の根元側を扇状に広げ、ずらして上下に重ねあわせる。

7　上の束を立てて手前にずらしながら、下の束の間に入れて交差させる。

8　根元から約 5cm のところを、2 束とも麻ひもで巻き結びする。余分なひもを切る。

9　まわしながら先を斜めに切り、2 束ともすぼまった形にする。

10　葉先側の束を持ち、交差した舟型のところが、あんこと同じくらいの長さになるよう、左右均等にまっすぐ倒す。残り 2 セットも同じようにつくる。

11　中心の舟型のところにあんこを入れ、ワラで包み込む。

12　中心（2 束が交差している点）を見失わないよう、麻ひもで 2 重に巻き、きつめに仮留めする。残り 2 束も同じようにあんこを入れる。

三、三つ縄を綯う

13 2 束をあわせる。手でさわって、固いところ（8 の左右どちらかの結び目付近）をしっかり巻き結びして、本結びする。余分なひもを切る。

14 13 の結び目を中心に、2 束を綯う。葉先側の仮留め（5）を外す。左右の束に撚りをかけ、時計回りに綯う。

15 縄の太さが一定になる 5 ～ 6 目くらいで、麻ひもでいったん仮留めする。

16 13 の麻ひもを、バラけないように指で押さえながら切る。

17 反対側の 2 束も同じ長さだけ綯ったら、麻ひもでいったん仮留めする。

18 3 束目をあわせる。中心のひも（12）で位置をあわせ、綯いはじめの固いところ（13）で巻き結びして、本結びする。余分なひもを切る。

19　18の結び目を中心に3束目を綯う。3束目の先端の仮留めを外して撚りをかけ、綯い込んでいく。このとき、中心がすれないように注意。

20　15と同じところまで綯ったら、3束をあわせて15の仮留めより内側で、麻ひもで2重に巻いて仮留めする。

21　18の麻ひもを、バラけないように指で押さえながら切る。反対側も、同じように3束目を綯い込む。

22　両側の三つ縄をさらに綯う。最初の2束の仮留め(15)を外して撚りをかけ、綯っていく。

23　先から20cmまで綯ったら、束の中心にワラを2本足す。反対側もワラを足す。

24　1綯いごとに2本ずつ交互に足しながら綯う。もとのワラの先まできたら、足すのを1本ずつに減らし中心から約180cmになるまで綯い、仮留めする。

25 3束目の仮留め (20) を外す。同様にワラを足しながら先まで綯い、3束あわせて巻き結びして、本結びする。余分なひもを切る。反対側も同じように綯う。

四、房をつける

26 “チョキチョキ” で全体を整え、房をつけていく。最初に、先端の余分なワラをカットする。

27 ワラを20本ずつ2束に分け、根元から約40cmを切る。葉先はあとで飾りに使うのでとっておく。根元側を下にして、ワラで縄を包み込む。

28 中心より約1cm下の位置を、麻ひもで巻き結びして、本結びする。余分なひもを切る。

29 外側から1本ずつ、ワラをまわしながら折り返す。

30 上から3〜4cmのところを麻ひもで軽く巻き結びしたら、ワラを下に引いて整え、結びを締める。本結びし、余分なひもを切る。

31 広がらないように、房の裾をワラ（材料外）で2重に巻き、仮留めする。余分なワラを切る。

32 房の裾を、短いものにあわせて切り揃える。

33 麻ひもの上をワラ（材料外）で2重に巻き、片蝶結びする。余分なワラを切る。

34 もう片方の縄の先にも、同じように房をつける。

五、仕上げ

35 中心の仮留めを3本ともほどき、正面を決める。中心で、結び目を上にして麻ひもで巻き結びし、本結びする。余分なひもを切る。

36 35の麻ひもの上を縄で2重に巻く。2本あわせて真上の位置で、麻ひもで巻き結びし、本結びして余分なひもを切る。縄は15cmほど残して切る。

37　27で切り落とした葉先のワラ（40本）に、同じ位置のワラを10本足し、計50本を麻ひもで仮留めして束ねる。根元側を下にして、縄の端を包み込む。

38　裏返し、下から5cmのところを、麻ひもでしっかり巻き結びし、本結びする。余分なひもを切る。

39　結び目から5cm上を切る。

40　下側のはみ出しているワラを切り、きれいな扇型になるように刈り込む。

41　麻ひもの上を、ワラ（材料外）で2重に巻き、結び目を裏にして本結びする。余分なワラを切る。

42　形を整え、吊り元を麻ひもで巻き結びして、固結びする。余分なひもを切る。乾燥したら、好みで房の裾の仮留めを外す。

縦海老

海老はおせち料理やお正月飾りには欠かせない、縁起のよい食べもの。背の曲がっている形が老人を思わせるため、「腰が曲がるまで元気に長生きしますように」という健康長寿の願いを込め、さまざまな装飾に用いられてきました。また、目玉が飛び出していることから「目出たい」に通じること、魔除けとされる赤い色であることも縁起のいい理由として一役買っています。

海老をかたどったお飾りは各地方にありますが、中でも鳥取地方を中心に見られるこの縦型の海老は、髭がぴんと張った威勢のいい形が非常にユニークです。構造的には決して複雑なものではありませんが、髭の部分を手前に持ってくることで、見ている側へ迫ってくるような臨場感のあるところが大きな魅力でしょう。

縦海老のつくり方

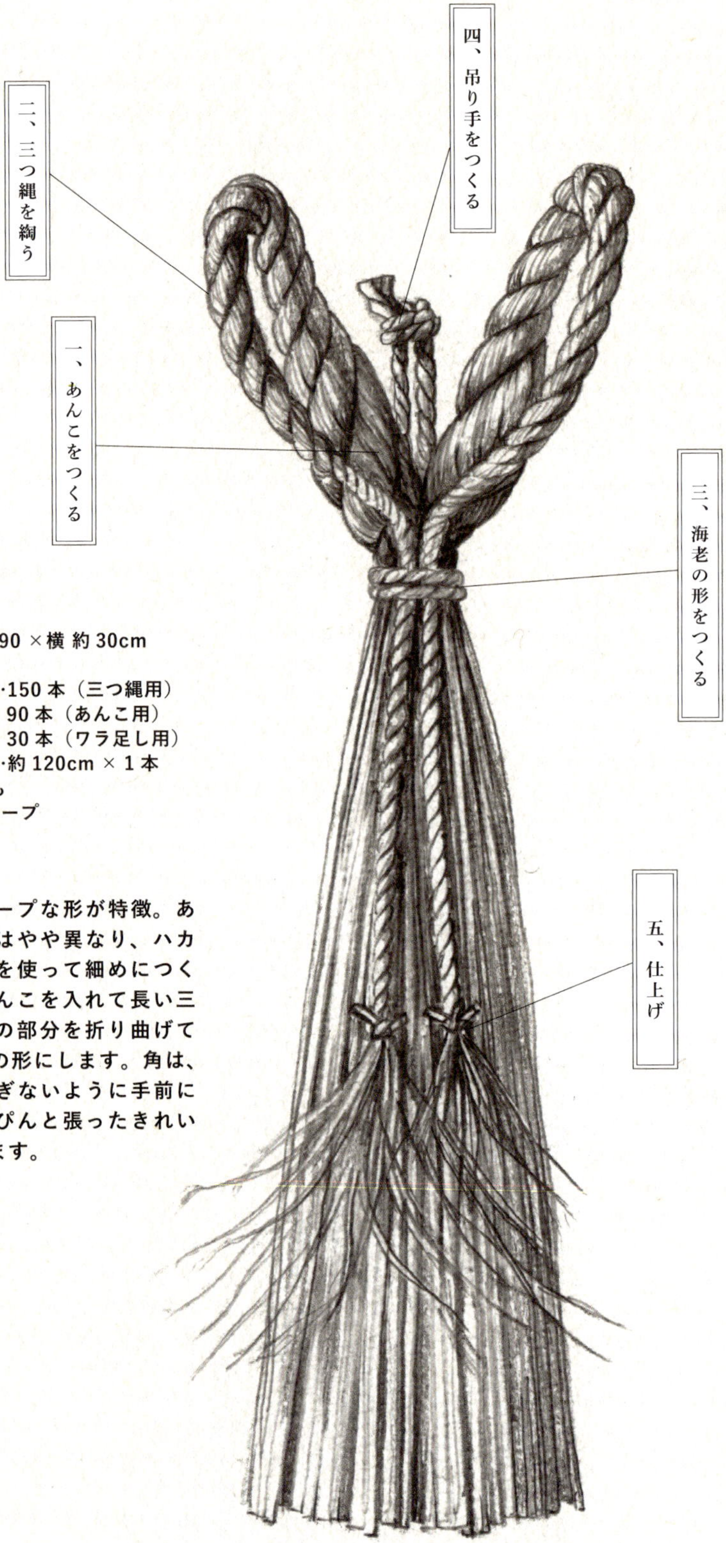

サイズ 縦 約 90 × 横 約 30cm

材料
ワラ…150 本（三つ縄用）
90 本（あんこ用）
30 本（ワラ足し用）
縄……約 120cm × 1 本
麻ひも
PP ロープ

ポイント

縦海老は、シャープな形が特徴。あんこは、通常とはやや異なり、ハカマではなくワラを使って細めにつくります。そのあんこを入れて長い三つ縄を綯い、縄の部分を折り曲げて輪をつくり、角の形にします。角は、輪が横に開きすぎないように手前に持ってくると、ぴんと張ったきれいな形に仕上がります。

一、あんこをつくる

1　ワラを15本ずつ3束に分ける。根元から30cmのところを斜めに切り、葉先のほうを使う。

2　根元側から15cmのところを麻ひもで巻き結びする。余分なひもを切る。

3　まわしながら、葉先側を少しずつ折り返していく。最終的には傘をすぼめた形にする。

4　半分くらいに分け、間にワラ（材料外）を挟み込む。

5　挟んだワラを根元から先に向かってらせん状に巻きつける。20cmくらい巻いたら、ワラを間に挟み込む。

6　4で挟んだワラが胴体から飛び出していたら短く切る。残り2束も同じようにつくる。

二、三つ縄を綯う

7 ワラを 25 本ずつ 3 束に分ける。根元からから 10cm、65cm の 2 か所を麻ひもで仮留めしておく。

8 3 束をまとめて、根元から 60cm のところを麻ひもで巻き結びして、本結びする。

9 1 束を根元に向けて折り返し、PP ロープで仮留めしておく。

10 麻ひもの仮留めを外して、2 束を綯う。右の束を扇状に広げ、結び目から約 3cm のところにあんこを入れて撚る。

11 右の束を足で押さえ、左の束も同様に、結び目から約 3cm のところにあんこを入れて撚る。

12 適宜、撚りをかけながら時計回りに綯う。

13 あんこの太いところが終わるまで綯ったら、ワラを交互に1本ずつ足しながら綯う。足すワラは入れやすいように、あらかじめ斜めにカットしておく。

14 1綯いごとに1本ずつ、各5回ワラを足して先まで綯う。1m10cmくらいまで綯ったら、麻ひもで仮留めする。

15 3束目を綯う。同じく結び目から約3cmのところにあんこを入れて撚る。

16 先の2束に、3束目を綯い込んでいく。

17 あんこの太いところが終わるまで綯ったら、ワラを1綯いごとに計5回、ワラを足して綯い込んでいく。

18 先まで綯ったら、先端の仮留めを外し、3束をあわせて仮留めし直す。

19 もう1本、同じようにあんこをつくり、三つ縄を綯う。“コロコロ”と“チョキチョキ”をして整える。

三、海老の形をつくる

20 2本をあわせる。縄目が揃っているほうを表にする。長めの麻ひもで綯いはじめのつけ根を巻き結びして、本結びする。余分なひもを切る。

21 根元のPPロープの仮留めを外し、2本あわせて仮留めし直す。

22 バランスを見ながら、葉先側を手前に曲げ、つけ根より少し下をPPロープで仮留めする。

23 つけ根の部分を、麻ひもでしっかりと巻き結びして、本結びする。余分なひもを切る。

四、吊り手をつくる

24 裏返して、23の麻ひもの上を縄で巻き結びする。

五、仕上げ

25 24 の縄を 2 本あわせて片結びして、吊り手をつくる。余分な縄を切る。

26 裾のワラを短いものにあわせて切り揃える。PP ロープの仮留めを外す。

27 葉先を、裾よりも 10cm くらい短くなるようカットする。自然な感じになるように葉先を斜めに切るのがコツ。

28 葉先の仮留めを 2 本とも外して、麻ひもで本結びする。余分なひもを切る。

29 28 の麻ひもを結んだところの上に、ワラ（材料外）で片蝶結びする。

30 仮留めをすべて外し、余分なひもを切って出来あがり。

海老

海老は海老でも、先の縦型とは異なり、これは横から見た形を模したお飾りです。同じものを題材としていながらも、つくり手の解釈によってまったく異なる造形に行き着くことを示す好例といえるでしょう。

この横向きの海老飾りは、大根じめの根元のところが、扇状に広がっている海老の尾を表しているとされます。また、先のくるりと回転しているところは髭、房の部分は足にあたるといわれています。

ことほきでは、日本民藝館に所蔵されている作品（一八頁）を参考に制作しています。構造的には、大根じめという、ごく基本のしめ縄に少し手を加えただけのもの。それを別のお飾りに仕立ててしまうことに、昔の人の〝見立て力〟を感じます。

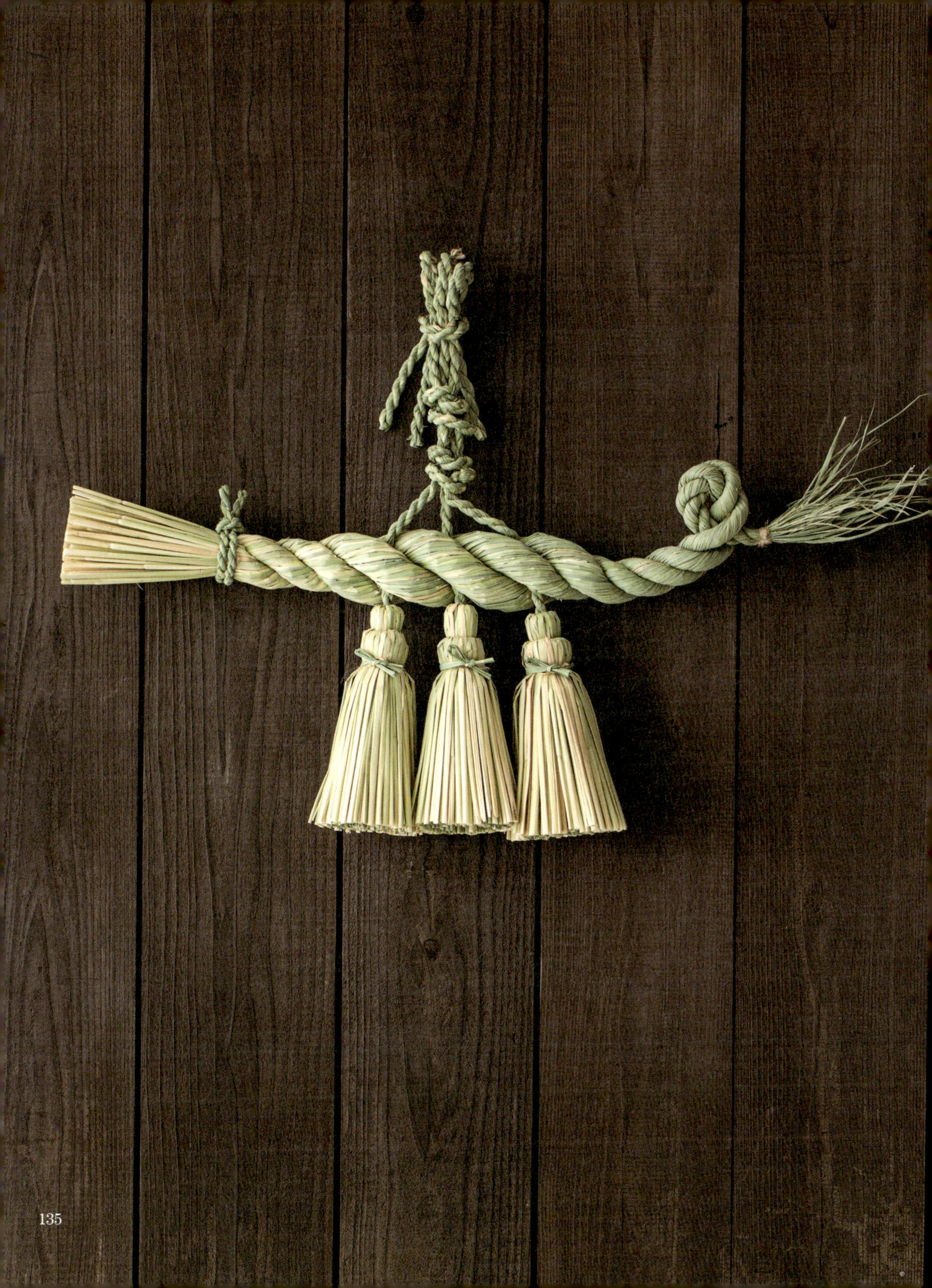

海老のつくり方

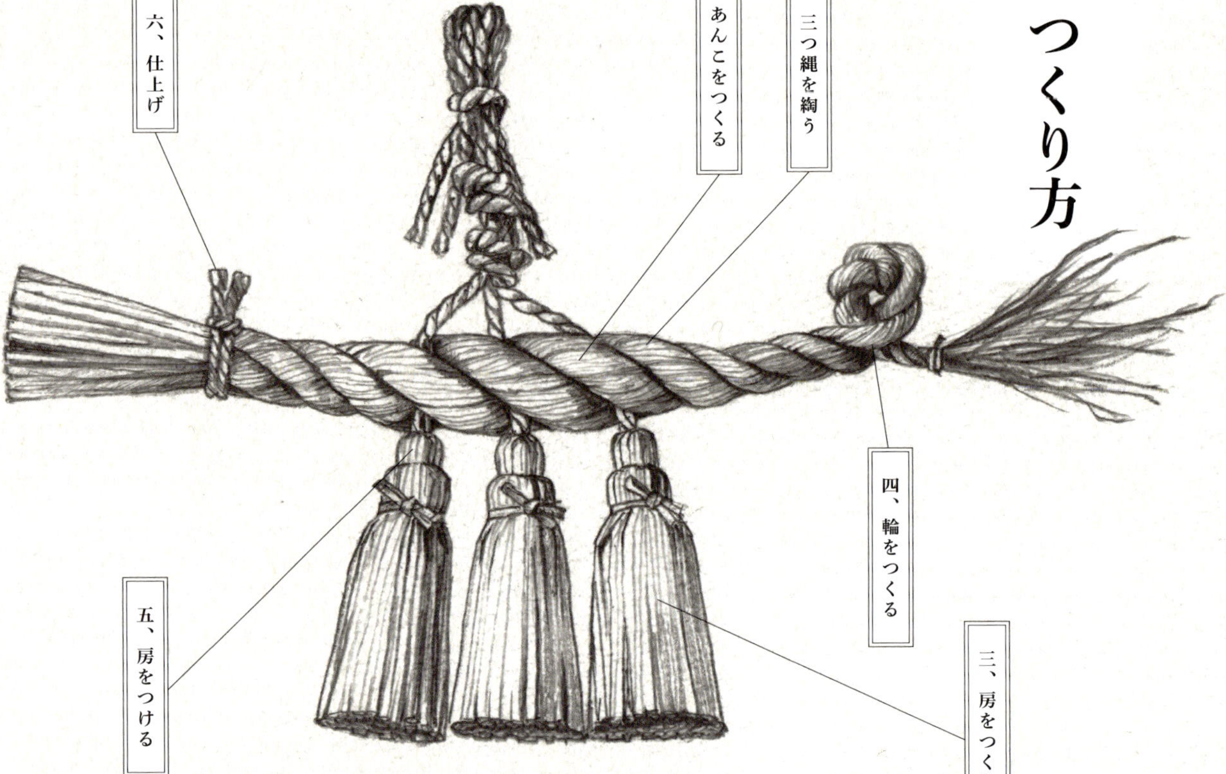

サイズ 縦 約 52 × 横 約 80cm（吊り手含む）

材料 ワラ…100 本（三つ縄用）
90 本（房用）
ハカマ…180 本（あんこ用）
300 本（房用）
縄…約 100cm × 2 本（房用）
約 150cm × 1 本（房用）
約 80cm × 1 本（飾り結び用）
麻ひも
PP ロープ

ポイント 大根じめを綯ってから、先端で輪をつくり、房をつけます。輪をつくるときと、房をつけるときにスパイキー（ロープなどの加工具）という道具を使いますが、先が細いヘラであれば代用できます。房の位置が大根じめから離れていると、バランスが悪くなるので、吊り手の締め具合で調しましょう。

一、あんこをつくる

1　ハカマを 60 本ずつ 3 束に分ける。根元をずらし、約 30cm のところで折り返す。ワラ（材料外）を巻いて同じものを 3 本つくる（P.77 参照）。

二、三つ縄を綯う

2　ワラを 100 本用意し、根元から約 15cm のところで巻き結びして、本結びする。余分なひもを切る。PP ロープで根元を仮留めする。

3　三つ縄を綯う（P.36 ～ 42 参照）。2 回転撚ったら、中心にあんこを入れて撚る。もう 1 束も同様にあんこを入れて撚る。2 束を先まで綯いあわせて仮留め。

4　3 束目も同様にあんこを入れて綯う。先まで綯ったら、最初の 2 束の仮留めを外し、3 束あわせて仮留めし直す。“コロコロ”と“チョキチョキで整える。

三、房をつくる

5　ハカマを 100 本ずつ、ワラを 30 本ずつ、各 3 束用意し、根元から 40cm の長さに切っておく。まずワラで約 100cm の縄の端を包み込む。

6　中心より 1cm ほど下の位置を、麻ひもで巻き結びし、余分なひもを切る。外側から 1 本ずつ、ワラをまわしながら折り返す。

7 上から3～4cmのところを麻ひもで巻き結びをし、余分なひもを切る。裾が広がらないように麻ひもで仮留めする。

8 葉先を下にして、ハカマで7の房を包み込む。

9 7の結び目と同じ位置を、麻ひもでしっかりと巻き結びし、余分なひもを切る。

10 上から裾へ手をゆっくり下ろし、ワラを折り返していく。最終的には、傘をすぼめた形に。

11 裾が広がらないよう、麻ひもで軽く仮留めする。縄との境から約6cmのところを麻ひもで巻き結びし、本結びする。余分なひもを切る。

12 11の麻ひもの仮留めを外し、内側のワラの仮留め（7）を外す。

13 房の長さが 20cm になるよう、裾を切り揃える。裾をワラ（材料外）で仮留めしておく。

14 あと 2 つ、同様につくる。そのうち 1 つは約 150cm の長い縄を使うこと。結び目の位置（11）を揃えると、きれいに仕上がる。

四、輪をつくる

15 三つ縄の先をくるりと巻く。先端を入れる位置を決め、縄目にスパイキーをさし込む。穂先を傷めないように気をつけて通す。

五、房をつける

16 三つ縄の真ん中に、長い縄の房をつける。一番太い縄目に、スパイキーをさし込み、縄を通す。

17 16 の左右の縄目に、同様にして房の縄を通す。

18 3 つの房をあわせる。右の縄を、ほか 2 本の下から上に通して輪をつくる。輪の下から上に通し、つけ根のほうへ締め込む。

19 左の縄も同じように、ほか 2 本の下から上に通して輪をつくり、輪の下から上に通す。つけ根のほうへ締め込む。

20 18 ～ 19 をもう一度繰り返し、こぶを 2 つつくる。締め方によって房の位置が変わるので適宜、調整する。

21 縄を 3 本揃えて裏側に折り返し、麻ひもで巻き結びして、本結びする。余分なひもを切る。

22 長い縄で、21 の麻ひもの上を巻き、裏側で片結びする。3 本の縄を、短いものにあわせて切り揃える。

六、仕上げ

23 大根じめの根元の仮留めを外し、短いものにあわせて切り揃える。

24 麻ひもの上に飾り結びをする。三つ縄の根元は結び目を上にして縄で男結び ①。房はワラ（材料外）で片蝶結び ②。乾いたら房の裾の仮留めを外す。

海老（大）

横向きの海老飾りには、地方によってさまざまな意匠があります。中でもこの特大の海老飾りは、使う藁の本数がほかのお飾りにくらべて格段に多く、扇状に弧を描いて広がる垂れに迫力があります。

伊勢地方で定番の「笑門《しょうもん》」の木札をつけたお飾りと構造状はよく似ており、また大ぶりであることから考えても、もしかしたら伊勢海老を模しているのかもしれません。ことほきでは、各地に残るものを参考に、独自にアレンジしています。

本体の大根じめに、五本の垂れをつけ、うち四本で三つ縄を綯ったスケールの大きいお飾り。複数のしめ縄で構成され、力強くダイナミックな造形になっているところが、この飾りの最大の見どころでしょう。

海老（大）のつくり方

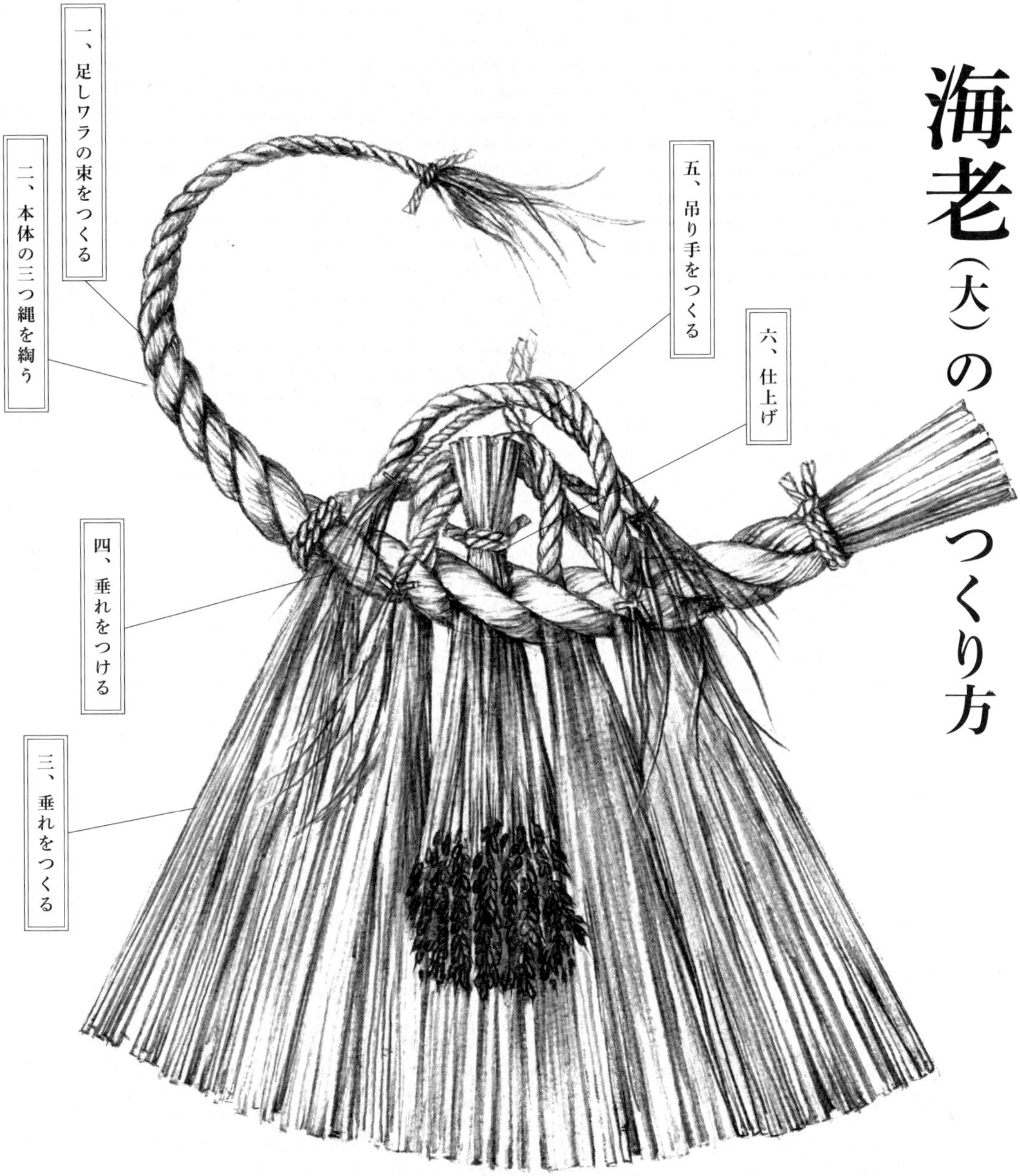

サイズ 縦 約 90 × 横 約 95cm

材料
ワラ…165 本（三つ縄用）
120 本（足しワラ用）
285 本（垂れ用）
稲穂つきワラ（黒米）…50 本
縄…約 60cm × 1 本（垂れ元の飾り結び用）
約 250cm × 1 本（吊り手用）
約 80cm × 1 本（三つ縄の飾り結び用）
細縄（1 本綯い）…約 40cm × 1 本
（三つ縄の飾り結び用）
竹串…4 本
麻ひも
PP ロープ

ポイント ワラを束で足しながら太い三つ縄を綯い、そこにボリュームのある垂れを下げます。垂れの重みで形が崩れやすくなるため、末広がりの自然な形を保つための工夫が欠かせません。一番のポイントは、吊り元の結び具合です。結び締める前に、左右の結び目の間を少しずつ調整し、理想の形に仕上げます。

一、足しワラの束をつくる

1 ワラを10本ずつ12束に分ける。根元から1cmほど斜めになるよう、ずらしてカットする。

2 ワラ（材料外）を根元のほうで挟み、先に向かって巻く。約30cmくらい先までできたら、束の中に入れる。残りの束も同じようにする。

二、本体の三つ縄を綯う

3 ワラの根元から20cmのところを長めの麻ひもで巻き結びし、本結びする。根元をPPロープで仮留め。三つ縄を綯う手順（P.36～42参照）で3等分する。

4 2束を綯う。右の束の根元から約5cmのところに足しワラの束を中心にさし込み、撚りをかける。左の束も同じようにワラ束を入れて撚る。

5 2束を時計回りに1綯いし、またワラ束を足す。同様に1綯いごとに束を計4回足して綯う。先から約20cmのところまで綯ったら麻ひもで仮留めする。

6 3束目も同様に、1綯いごとにワラ束を計4回足す。先まで綯い込んだら、5のひもを外して3束で仮留めする。“コロコロ”と“チョキチョキ”で整える。

三、垂れをつくる

7 垂れを4本をつくる。ワラを60本ずつ4束に分ける。1束ごとに20本ずつ3等分し、仮留めしておく。根元から約60cmを巻き結びし、本結びする。

8 先から20cmのところまで三つ縄を綯い、麻ひもで仮留めする。残り3本も同じ長さに綯う。

9 “コロコロ”と“チョキチョキ”で整える。縄の長さが揃っているか確認し、調整しながら先端を本結びし、仮留めを外す。余分なひもを切る。

10 真ん中の垂れをつくる。稲穂つきワラを50本用意し、穂のつけ根の位置で揃え（P.79）、麻ひもで仮留めする。ワラを45本用意し、仮留めしてまとめておく。

11 ワラの束の根元から15cm上に稲穂の束を重ねる。根元から70cmの位置を麻ひもで仮留めし、その20cm上を切る。上端を仮留めしておく。

四、垂れをつける

12 三つ縄の垂れの葉先を丸めてヘラの間に挟む。

13 本体の根元から3目のところにさし込んで貫通させ、垂れの縄のつけ根まで通す。4目にも同じように垂れを通す。

14 5目を飛ばし、6目、7目にも同じように垂れを通す。

15 5目に、稲穂とワラの束（11）をヘラで通す。垂れの長さが同じになるよう調整する。

16 垂れ（真ん中を除く三つ縄の4本）と本体の縄を固定する。裏返し、4本とも表に見えないように斜めに竹串を打って、根元で切る。

17 表に返し、内側の2本の縄を交差させ、手前に持ってくる。裏返し、交差した中心を麻ひもで巻き結びし、本結びする。余分なひもを切る。

18 表に返し、同様に外側の2本の縄を交差させ、手前に持ってくる。裏返し、交差した中心を麻ひもで巻き結びし、本結びする。余分なひもを切る。

19 真ん中の稲穂の垂れを整える。本体の三つ縄から約 5cm 上を、約 60cm の縄で結び目が裏になるよう巻き結びし、余分な縄を切る。

20 表に返し、本体の二つ縄から約 15cm 上の位置で切る。仮留めの麻ひもを外す。

五、吊り手をつくる

21 本体の三つ縄に吊り手の縄（約250cm）を結ぶ。縄の長さを 60cm 残し、垂れの端の位置で、結び目が裏にくるように軽く巻き結びする。

22 縄を反対側に渡し、縄の端が逆向きになるよう、軽く巻き結びする。縄がぴんと張った状態になるように、両方の結びを均等に締める。

23 輪の間に、左右の縄を交差させて通す（P.69 の 30 参照）。表に返し、外側の垂れの交差部分下に結び目がくるよう、片結びする。余分な縄を切る。

六、仕上げ

24 吊り手と本体を固定する。裏返し、真ん中の垂れが通っている縄目に、針を通し、2 重の麻ひもを通す。

25 吊り手の縄の間に通す。針の根元でひもを切り、針を外す。4 本あわせて片結びし、余分なひもを切る。

26 本体の根元の仮留めを外し、切り揃える。綯いはじめの麻ひもの上を、結び目を上にして約 80cm の縄で男結びし、余分な縄を切る。

27 本体の先の仮留めを外す。房の長さを調整し、巻き結びして余分なひもを切る。約 40cm の細縄で巻き結びし、余分な縄を切る。

28 三つ縄の垂れ先に飾り結びをする。4 本とも先の麻ひもの上を、ワラ 2 本（材料外）で本結びし、余分なワラを切る。

29 吊った形の状態にして置き、裾が自然な弧を描くように垂れを切り揃える。

30 形を整えるため、本体の先と根元を麻ひもで仮留めして固定する。乾いたら仮留めを外して完成。

しめ飾りのつくり手を訪ねて

**福島県郡山市で、50年余りしめ飾りを
つくり続けている熊田三夫さんと妻のマツさん。
2018年冬、憧れの名人に話を聞きに行ってきました。**

衝撃を受けた「鶴」と「亀」の飾り

阿武隈《あぶくま》川支流に広がる農村地帯、守山地区で農業を営む熊田三夫《くまたみつお》さん、マツさん夫妻。毎年師走ともなると、二人三脚のしめ飾りづくりはピークを迎えます。注文は地元だけでなく、全国各地から舞い込み、作業部屋には形や注文に応じたさまざまなしめ飾りが所狭しと並びます。

ことほきが熊田さんのしめ飾りに出会ったのは二〇一〇年のこと。東京・駒場の日本民藝館が主催する工芸の公募展「日本民藝館展」で、日本民藝館賞を受賞した「〆縄鶴亀」の作品を見たのが最初でした。

鶴と亀のしめ飾りが一対になっているこの作品は、伝統の風格を備えながらも独自の創作が加えられた、斬新なしめ飾りです。亀の甲羅には「壽」の文字、鶴には夫婦《めおと》ひょうたんと四つ葉のクローバーがあしらわれています。鶴や亀のワラ細工というと、実物に似せたものが多い中、

熊田三夫さん（左）、マツさん（右）に稲の品種や扱いについて尋ねることほきの２人。

高さが 2m 近くある「〆縄 鶴亀」。鶴の冠には「1年中明るいように」と 365 本のワラを使う。垂れのワラは、穂のまわりに芒（のぎ）という毛が多く生えている品種で、見た目だけでなく雀除けにも効果が。制作には準備に1日、綯うのに1日。正月飾りだけではなく、厄除けやお祝いにも用いられる。

右／守山じめの冠には、ミゴの茎を使う。節を揃えた２束を交差させ、ぐっとねじると一気にワラが広がる。左上／足の親指の間に冠の根元を挟み、垂れの束をさし込みながら縄を綯う。左下／右が守山じめ。人形御幣（ひとがたごへい）をつけて飾る。輪がまん丸ではないのは、バランスを考えた熊田さんのアレンジ。左２つは守山じめを簡略化した「輪通し」と呼ばれる輪飾り。

熊田さんの作品は抽象的な造形。しかも左右対称にまとめたくなるところを、動きのある優雅な意匠に仕上げています。こうした自由な創作は、どうやって生まれたのでしょうか。

減反政策を機に本格的に創作の道へ

熊田さんがしめ飾りをつくりはじめたのは、昭和四三（一九六八）年。父親が急逝し、家の飾りづくりを受け継ぐことになりました。

「親父がやってたのを小さい頃から見てたからね。人から習わなくても、親父の手先を思い出して、こうすればできるってつくりはじめたの」

最初のうちは「守山じめ」という、江戸時代からこの地域に伝わる輪飾りをつくっていました。特徴は、日の出に見立てた放射状に広がる「冠」。「一年中幸せが降り注ぎ、家族が明るく過ごせるように」との思いが込められています。

しかし伝統的な飾りだけでは飽き

上／太い大根じめを綯うのは、夫婦２人の共同作業。「だから12月は、夫婦喧嘩ができねえんだ」と笑う。下右／大根じめは「居留守じめ」ともいい、家を守るために神棚に飾ると熊田さん。理由は「胸焼けしない」から転じ「棟（家）が焼けない」からだそう。下左／言葉も交わさず、あうんの呼吸でワラを手渡すマツさん。太い三つ縄が10分ほどで綯いあがる。

足らず、新しい飾りをつくろうと熊田さんは考えました。きっかけとなったのは国の減反政策でした。

「米が余って、米にしなけりゃ、けえって喜ばれる時代だったから。穂が実る前に青刈りしなきゃいけんのは痛ましい。なら、これできれいなしめ縄をつくろうというのが原点」

ただ「人と同じものをなんぼきれいにつくっても事が知れてる」と考えました。そこで「願いが実るように」と稲穂のついたワラを使うことを思いつきます。そして、めでたいものの代表である鶴と亀をモチーフに、守山じめを生かした一対の飾りを編み出したのです。しかし、最初のうちは壽やひょうたん、クローバーの飾りはありませんでした。

「何もないとべろーっと長くて見栄えがしねえんだな。そこで亀に壽をつければ、甲羅の粗も目立たなくなるなって。鶴のひょうたんも最初は一つだったんだよ。でもなんとなく寂しいなと、二つで夫婦にしたのよ」

試行錯誤を重ね、現在の形ができ

専用の作業部屋。12月になると、朝起きてから夜の11～12時までここでずっと作業。昼間は注文を受け取りに来るお客さんの対応も。

右／ただ綯っているように見えて、ワラのきれいな面が表に出るよう調整しながら綯うのが熟練のなせる技。左／青みが濃いあざやかな色のワラ。青さを保つには、風を当ててすばやく乾かすことが大切と熊田さん。そのために熱風を当てる専用の乾燥室も建てた。

あがったのは、しめ飾りをつくりはじめて五、六年後のことでした。

大切なのは材料選びと探究心

しめ飾りづくりで大切なのは、まずは「材料選び」だと熊田さん。マツさんも「飾りのために、これまでいろんな米を取り寄せたね」と頷きます。「鶴亀」の稲穂がついたワラは吟味のすえ、穂が落ちにくい「亀の尾」という酒米に辿り着きました。一方、飾りに添える稲穂は、止葉《とめば》（穂の上に伸びる葉）が長くボリューム感の出る「天のつぶ」という福島県の品種。大根じめには俗に「ミトラズ」という青刈り専用の、千葉県から取り寄せたもの。肥料を微妙に調整しながら、青々とした色に育てます。青刈り後は、さらに伸びてくる稲も刈り取り、無駄なくあんこに使います。

そして材料選びと並んで大切なのは「自分で研究しながらつくること」。「自動車の運転には全国統一の法規があるっぱい。でもしめ縄は、つくり方が何十種類もあるのよ。だから、あんたのそれは間違ってるってことは絶対に言えん」

正解がないだけに、いかに自分が美しいと思うものを求めてつくり続けるか。それに尽きるのです。

取材開始から5時間、相次ぐ質問にも快く答えてくれた熊田さん。「はじめた頃は、こんなふうに賞をもらったり、いろんな人に会えたりするとは思ってもみなかった」と語ります。これまで店で売るわけでもなく、大々的に宣伝してきたわけでもありません。ただ、よりきれいなものをつくろうと続けてきた結果、人手に渡ったものが評判を呼び、名人として知られるようになりました。

帰り際、ことほきに向かって「ワラ細工も奥が深いから、やり続けたらいいよ」と励ます声。その何気ない言葉の中には、これまでの歩みを凝縮したかのような重みが感じられました。

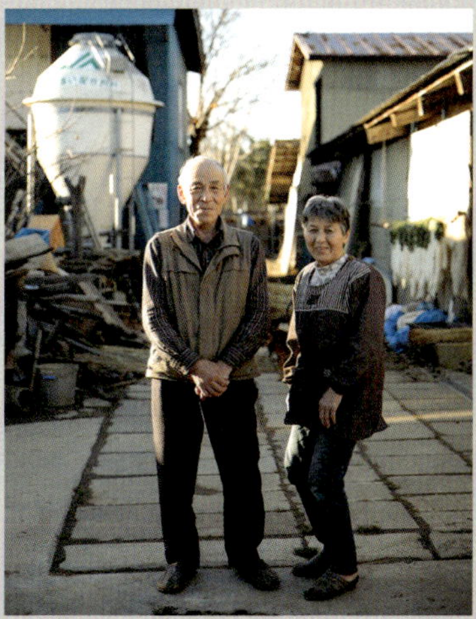

熊田三夫《くまたみつお》さん　マツさん

三夫さんは昭和16年、マツさんは昭和18年生まれ。知人が東京の米店の開店祝いに鶴亀飾りを贈ったことがきっかけで手仕事を広める「手仕事フォーラム」の会員の目に留まり、2010年日本民藝館展に出品、日本民藝館賞を受賞。制作の中心は三夫さんで、マツさんはミゴを取り除くなどの下準備を主に担当。地域の公民館や学校などで開かれる講習会の講師としても活躍。

青刈り後の鈴木安一郎（右）と安藤健浩（左）。
2018 年盛夏、静岡県小山町にて。

● 販売について

〈 取扱店 〉 AKOMEYA TOKYO（銀座本店・in la kagū・京都 BAL） www.akomeya.jp/
CLASKA Gallery & Shop "DO"（本店ほか） do.claska.com/
nowaki（京都） nowaki-kyoto.net/
ROMAN AND WILLIAMS GUILD（ニューヨーク）www.rwguild.com/ ※ 2019 年末時点の情報です。

〈 予約 〉 ことほきのしめ飾りづくりは、春の田植えからはじまります。ご予約から必要なワラの総量を見込んで作付しています。そのため制作数にかぎりがあり、ご予約は規定数に達し次第締め切らせていただいておりますので、あらかじめご了承下さい。
詳しくは HP（www.kotohoki.com/）をご覧ください。

● 協力者一覧

永山裕子
公益財団 日本民藝館／日本民藝協会
手仕事フォーラム
女子美術大学ヴィジュアルデザイン専攻研究室
株式会社 YAMAGIWA

公益社団法人 小山町シルバー人材センター
岩田好弘
斉藤広人
青木ゆかり、鈴木志麻、石井直樹［ことほき］

● 参考文献

竹内利美 ほか（編）『日本庶民生活史料集成〈第 9 巻〉風俗』三一書房 1969年
E・S・モース（著）／石川欣一（訳）『日本その日その日 2』平凡社 1970年
宮崎清『図説・藁の文化』法政大学出版局 1995 年
『民藝』530 号／698 号 日本民藝協会 1997 年／2011 年
喜田川守貞（著）／宇佐美英機（校訂）『近世風俗志（守貞謾稿）四』岩波書店 2001 年
宮本常一（著）／田村善次郎（編）『宮本常一日本の年中行事』八坂書房 2012 年
森須磨子『しめかざり 新年の願いを結ぶかたち』工作舎 2017 年
瀧本広子、大浦佳代『つくって楽しむわら工芸 2 しめ飾りと生活用具』農山漁村文化協会 2018年

ことほき

鈴木安一郎と安藤健浩が2011年に立ち上げた「しめ飾り」つくりプロジェクト。
1999年に鈴木の父である博六に師事して以来20年にわたり御殿場のアトリエで制作。
全国各地でワークショップや販売を行う。2014年、21_21 DESIGN SIGHT 企画展「コメ展」での出展も話題に。
www.kotohoki.com/

鈴木安一郎 すずき・やすいちろう

グラフィックデザイナー・アーティスト。
女子美術大学・横浜美術大学・東京大学・文教大学非常勤講師。
1963年生まれ。東京藝術大学美術学部デザイン科卒業。平面作品を中心に個展およびグループ展での発表も多数。ギャラリーのアドバイザーを務め、国際展などの企画運営も行う。
著書に『きのこの本』(パイ・インターナショナル) がある。
www010.upp.so-net.ne.jp/yasuichiro/

安藤健浩 あんどう・たけひろ

プロダクトデザイナー・アーティスト。
女子美術大学非常勤講師。1964年生まれ。東京藝術大学大学院美術研究科修了。立体アートをはじめプロダクトデザイン、商用ディスプレイや空間デザインを手がける。
www.andoo.jp/

● 活動歴

2012年1月	「春を迎えるかたち ことほき」 於・青山桃林堂画廊
2013年1月	「春を迎えるかたち」展／ワークショップ「しめ飾りをつくろう」 於・CLASKA Gallery & Shop “DO” 本店（以降、毎年12月に開催）
2014年2～6月	21_21 DESIGN SIGHT 企画展 佐藤卓・竹村真一ディレクション「コメ展」 於・21 _21 DESIGN SIGHT
2014年12月	ワークショップ 於・かぞくのアトリエ、 代官山ティーンズ・クリエイティブ、景丘の家
2015年11月	ワークショップ 於・AKOMEYA TOKYO 銀座本店（～2017年。2019年、in la kagū で再開）
2015年11月	ワークショップ 於・NHK 文化センター 横浜ランドマーク教室（以降、毎年11月に複数の教室で開催）
2015年12月	「和風照明としめかざり」 於・yamagiwa tokyo
2016年11月	ワークショップ 於・組む東京（～2017年）
2019年3月	NHK Eテレ『JAPANGLE』第14回「米」に協力

2014年2～6月 21 _21 DESIGN SIGHT 企画展 佐藤卓・竹村真一ディレクション「コメ展」 於・21 _21 DESIGN SIGHT

2015年12月 「和風照明としめかざり」
於・yamagiwa tokyo

撮影　有賀 傑
　　　ことほき（P.6 ～ 7、P.24 ～ 27、P.31 上、P.159）

イラスト　安藤健浩［ことほき］

ブックデザイン　斉藤いづみ［rhyme inc.］

編集・執筆　澁川祐子

プリンティングディレクション　山内 明［大日本印刷］

藁《わら》を綯《な》い、春《はる》を寿《ことほ》ぐ

しめ飾《かざ》り 造形《ぞうけい》とその技法《ぎほう》

2019 年 11 月 18 日　発　行　　NDC385
2022 年　1 月 15 日　第 2 刷

著　　者　鈴木安一郎《すずきやすいちろう》　安藤健浩《あんどうたけひろ》

発 行 者　小川雄一
発 行 所　株式会社 誠文堂新光社
〒 113-0033 東京都文京区本郷 3-3-11
電話 03-5800-5780
https://www.seibundo-shinkosha.net/

印刷・製本　大日本印刷 株式会社

ISBN978-4-416-51968-4